15 HISTOIRES D'EXPÉDITION INÉDITES

Qui ont changé ma vie

DU MÊME AUTEUR

L'Extraordinaire Destin de D'Joe
Le chien australien de l'aventurière Sarah Marquis
Éditions Eucalype, 2009

Sauvage par nature
de Sibérie en Australie, 3 ans de marche extrême en solitaire
Éditions Michel Lafon, 2014

Déserts d'altitude
du Chili au Machu Picchu, 8 mois à pied sur la cordillère des Andes
Éditions Michel Lafon, 2015

Instincts
3 mois seule à pied, en survie dans l'Ouest sauvage australien
Éditions Michel Lafon, 2016

La Nature dans ma vie
Les trucs et astuces d'une aventurière
Éditions Michel Lafon, 2017

L'Aventurière des sables
14 000 km à pied à travers les déserts australiens
Éditions Michel Lafon, 2018

J'ai réveillé le tigre
Tasmanie, épreuve initiatique dans l'Ouest inexploré
Éditions Michel Lafon, 2019

À dos d'oiseaux,
Roman
Éditions Michel Lafon, 2021

SARAH MARQUIS

15 HISTOIRES D'EXPÉDITION INÉDITES

Qui ont changé ma vie

Michel Lafon

118, avenue Achille-Peretti – CS 70024
92521 Neuilly-sur-Seine Cedex
www.michel-lafon.com

Prologue

Dehors, la nuit estompe déjà les silhouettes des pendulaires[1]. Il doit se faire tard, la rue entière semble fonctionner en mode automatique. Je pousse la porte vitrée et me retourne pour imprimer dans ma mémoire la devanture vert foncé qui habille la librairie Barnes & Noble dont le nom brille en lettres dorées. Je reste plantée là, à regarder dans le silence le va-et-vient de toutes ces jambes qui paraissent savoir où elles vont, pendant que les lumières industrielles scintillent, parant New York de sa magnifique robe de soirée. Je suis exténuée, j'ai trop parlé, j'arrive à la fin de ma tournée de promo new-yorkaise pour mon livre *Wild by Nature*… Je décide de ne pas monter dans la limousine qui m'attend pour me raccompagner à l'hôtel, et fais signe au chauffeur que je rentre à pied. J'en ai besoin…

1. Expression suisse pour désigner à la fois les allers et retours entre lieu de travail et domicile et ceux qui les font.

Je me faufile dans cette vague d'humains et adopte le rythme des pendulaires. Ces gens vivent ici comme des fourmis ; je suis si loin du bush australien, de mes déserts, du silence. Je souris tout en me laissant guider par la foule… N'avais-je pas rêvé de voyager et de signer mes livres de par le monde ? Je me rends compte que je suis en train de réaliser ce que j'avais projeté sur mon « écran de vie ».

Un tapotement discret sur l'épaule gauche me sort de mes rêveries, je reconnais un client de Barnes & Noble où je viens de présenter mon livre.

– Je m'excuse mais j'avais encore une question, et comme on va dans la même direction…

Je lui sers un demi-sourire et un signe de tête attentif.

– Ok !… Alors pourquoi la marche ?

Je m'arrête net et le regarde dans les yeux : malgré ses habits taillés certainement sur mesure, son allure manucurée, sa pochette d'ordinateur dans la main droite, il y a comme un vide dans son regard, et une petite voix me dit que dans deux heures, ils seront certainement encore là à me suivre, lui et ses questions. Alors aussi soudainement qu'un éclair, ces mots s'échappent de ma bouche : "*It's a shortcut to God.*"[2] Et je me remets en marche, tandis qu'il reste planté là, au milieu de la foule en mouvement, sans qu'aucun mot ne sorte de sa bouche…

Et si j'avais raison ?

2. « C'est un raccourci pour rencontrer Dieu. »

Avant-propos
Un flocon après l'autre

Alpes suisses, hiver 2021

Dans la forêt, mon repaire est encerclé et pratiquement étouffé par les amoncellements de neige. À l'intérieur, l'ambiance est intime et douce, une lumière orangée émane du poêle où de longues flammes lèchent la vitre protectrice. Le temps semble suspendu, dehors les traces au sol de la veille ne se voient plus.

Dans le silence de ce matin, je contemple par la baie vitrée le blanc manteau que la nuit a déposé, flocon après flocon, et après de longs mois de ce rituel, je comprends les Inuits qui possèdent plus de cinquante mots dans leur vocabulaire pour parler de la neige. Pas un seul matin elle ne m'a paru la même, quelle inspiration ! Et toujours un flocon après l'autre.

Songeuse, je pose mon regard sur la carte du monde accrochée sur les lames de bois blanc qui tapissent le mur en face de moi. Elle est imprimée sur un papier rugueux, ancien. Elle me rassure et me rappelle les infinies possibilités de la vie. Pour moi en tant qu'exploratrice, le monde a toujours été une gigantesque chasse aux trésors. La plupart du temps, je pars sans savoir ce que je cherche vraiment. Je sors des sentiers battus, explore, m'expose à l'imprévu, aux choses que je ne connais pas. Je me mets toujours à nu, comme une débutante, face à la seconde qui s'écoule, puis un jour, à un moment précis, une découverte s'offre à moi, sans que je puisse définir comment elle est arrivée… J'ai pourtant vécu des centaines d'histoires où ma vie aurait pu prendre un autre chemin. Je connais bien ces croisements où aucun sentier ne semble le bon et où cependant il faut faire un choix… Et à cet instant que se passe-t-il vraiment ? Quel est mon mode opératoire ? Apparemment, c'est très instinctif : je sens ou pas la situation. Mais qu'est-ce qui se cache derrière cette simplicité ?

Pourquoi l'eau vient-elle à moi lorsque j'en ai le plus besoin ?

Comment, plusieurs fois, ai-je échappé à une mort certaine ?

Ou encore comment est-ce que j'arrive à me retrouver au bon moment au bon endroit, par un hasard qui semble malgré tout bien chanceux ?

Eh bien, ce qui suit est une compilation des moments qui ont bel et bien changé le cours de ma vie ! Et qui vous seront, j'en suis certaine, d'une grande aide dans vos choix futurs.

Les signes, l'intuition, la sérendipité[3] font partie de nos vies, à vous de les démasquer ! Voici quelques extraits de mes vingt-cinq ans d'exploration dans les parties les plus isolées de notre planète, au milieu souvent de dangers extrêmes !

Vous allez découvrir que le rythme de la vie est le rythme de Dame Nature – un pas après l'autre, tout comme le nouveau manteau de neige qui se dévoile chaque matin, un flocon après l'autre. Des petites joies, des microdécisions, et la connexion à notre existence sous toutes ses formes offrent un accès à la magie dans nos vies… Bonne découverte !

---

3. Capacité à faire par hasard, lors d'une recherche, une découverte inattendue et à en saisir la portée… Exactement le sujet de ce livre !

– 1 –

LE GARDIEN DU FEU

Un destin extraordinaire

À la fin de ma journée, je peux à peine bouger, la douleur traverse mon corps pour diverses raisons et sentir le confort de mon sac de couchage, c'est comme arriver au paradis. Je m'y glisse en savourant chaque mouvement et, une fois à l'intérieur, je laisse enfin tomber le poids de mon corps douloureux et j'expire longuement. C'est fini, ce moment est enfin arrivé… Mes yeux se ferment sans que j'oublie de féliciter mes jambes pour le travail qu'elles ont réalisé, avec l'enthousiasme dont elles font preuve jour après jour.

« Toutes les grandes choses s'effectuent un pas après l'autre. »

Demain, le soleil va se lever et il va falloir recommencer avec cette douleur, ou pire qui sait…

Mais pourquoi donc se mettre dans des conditions pareilles ? demanderez-vous.

Ce qui nous arrête souvent, ce n'est pas la difficulté ni l'ampleur d'un projet, mais juste l'énergie qu'il faut pour commencer. Alors on rêvasse et on reste dans son petit enclos comme il se doit. J'ai juste envie de donner un grand coup de poing sur la table et de clamer : « Réveillons-nous ! »

« Nous ne sommes pas là pour faire un job que l'on n'aime pas, rester avec un partenaire que l'on n'aime plus, voir des amis qui n'en sont pas vraiment, dire oui à unc glacc à la fraise alors qu'on a horreur de ça. »

Non… rien de tout cela n'est authentique et n'en vaut la peine, parce que l'on n'est pas là pour faire bonne figure tout en comblant tant bien que mal le temps d'une vie. Ne sommes-nous pas extrêmement chanceux d'être en vie sur cette belle planète ? On est là pour déguster chaque seconde et la vivre, faire des expériences, grandir encore et encore, sans jamais s'arrêter jusqu'au dernier souffle… On vit une expérience spirituelle dans un corps d'humain. Il ne s'agit pas de se laisser endormir par le paraître, de croire que la réussite a un seul chemin, une seule odeur ; l'essence de qui nous sommes n'est pas calculable ni compréhensible, parce que nous sommes « sans limite », et toutes et tous EXTRAORDINAIRES. Alors toi (si tu me permets le tutoiement) qui tiens ce livre entre tes mains, je te félicite, t'encourage, et te donne une petite tape de bienveillance dans le dos en te poussant un peu pour que ton premier pas entraîne le deuxième naturellement…

« Fais du bois, attise, et veille sur ton feu !
Voilà simplement de quoi est faite ta MISSION. »

Quand on dit : faudra faire un petit effort, on veut instantanément savoir combien va coûter cet effort. Eh bien non, l'effort ne se marchande pas, c'est juste le prix à payer pour une vie « incandescente ». Si seulement j'arrivais à vous prêter mes yeux, mon cœur et mes jambes pour qu'ils vous racontent pourquoi !

Pourquoi est-ce si important d'essayer de vivre sa vie, quel que soit l'effort que cela demande ? Souvent, moi aussi j'oublie. Mes propres expériences sont alors là pour me rappeler d'attiser mon feu intérieur. On oublie vite, on s'endort, et on reçoit souvent une petite claque de la vie. Mais si tu fais la sourde oreille, ou que tu n'as pas encore compris, eh bien, « Dame la Vie » continuera de te donner des claques.

Tu vas sans doute me dire :

– Tu parles d'attiser mon feu. Mais quel feu ?

Oh, mais le tien, tout simplement. Car il est bien là, mais…

Quand on était enfant, il brûlait avec tant de ferveur ! Et si tu ne sais pas de quoi je parle, c'est qu'il est certainement éteint à l'heure actuelle. Il y a une simple et logique explication à cela. C'est probablement qu'il y a trop de vent où tu te trouves. Tu n'es donc simplement pas au bon endroit. Il faut changer d'environnement et le rallumer au plus vite, ce feu, c'est aussi simple que cela.

Le gardien du feu

Le maintien de notre feu intérieur, voilà notre ultime *mission de vie* : pas l'effort, pas le résultat, mais tout bêtement garder son feu intérieur aussi flamboyant que possible. C'est lui qui va guider nos vies, c'est aussi lui notre garde du corps qui veillera à nous mettre sur le bon chemin. Alors ne faites surtout pas une analyse mathématique de l'effort à chaque « choix », occupez-vous tout simplement de garder votre feu intérieur en grande forme… Pour le reste, eh bien, il va falloir avoir confiance en l'univers…

La seule vraie question à vous poser est celle-ci : Est-ce que ce projet, ce partenaire, ce nouveau job, ces amis-là ont chacun à sa manière contribué à attiser mon feu intérieur ? Est-ce qu'ils me donnent des petites étoiles dans les yeux, est-ce que je suis tout excité(e) comme un(e) gamin(e) à l'idée de ? Et là vous aurez votre réponse et votre ligne à suivre, et peut-être que votre liste d'amis diminuera... Et alors ?

La boucle est bouclée

Quand j'étais petite, je voulais juste marcher, ou plutôt explorer, sans vraiment savoir pourquoi. Mais c'est ça que je voulais faire, j'en étais certaine. Après m'être un peu perdue, avoir réussi deux CFC, un beau jour, j'ai tout quitté : job, appartement, mec. Et très vite, j'ai pris un billet d'avion... J'avais vingt et un ans. J'ai retiré l'argent de ma caisse de retraite, ce qu'il ne faut jamais faire apparemment, et j'ai atterri, seule, sans parler un mot d'anglais, en Australie. La suite, vous la connaissez. Mais ce que vous ne savez sans doute pas, c'est que j'éprouvais à ce moment-là un tel mal-être dans ma vie que mon corps commençait à manifester les symptômes d'une maladie ancienne et très étrange : j'avais des rhumatismes inflammatoires aigus intraitables, mes articulations et même ma langue s'enflammaient sans raison apparente, cela pouvait potentiellement bloquer mes voies respiratoires et m'asphyxier.

Au lieu d'écouter les professionnels de santé, mes parents, mes amis, eh bien, j'ai fait le grand saut. Parce que je savais qu'au fond de moi, mon feu était éteint. Je passais alors une grande partie de mon temps à faire plaisir à mon compagnon, qui avait des ambitions que je ne saurais qualifier ici, mais un jour il m'a enfermée dehors (on avait un appartement de plain-pied), pour que je comprenne et que je « marche droit ». C'est ce qu'il m'a confié plus tard. Mais ce matin-là à 4 heures, un petit renard est venu tout près de moi alors qu'avachie au froid et dans la nuit sur le pas de la porte, je me demandais quel faux pas j'avais bien pu faire. Oui, voyez-vous, on se pose souvent la mauvaise question dans ces cas-là. Alors que, en l'occurrence, j'aurais dû me demander : « Pourquoi ai-je donné de mon plein gré autant de pouvoir à cet individu ? Je suis la seule responsable de ma situation. »

Aimer quelqu'un n'est pas un *pass* qui justifie tous les abus et conneries possibles, et ce matin-là, ce petit renard magnifique n'était autre qu'un messager m'indiquant la voie à suivre. J'ai donc fini par essuyer mes larmes, j'ai vu mon petit renard partir nonchalamment, faire quelques pas puis se retourner ; nos regards se sont croisés une dernière fois… Il semblait me dire : « Ne t'inquiète pas, tout ira bien. » Et il avait raison. Une semaine plus tard, je prenais un avion pour l'Australie, ce qui changea le cours de ma vie.

À moi l'aventure !

Dès mes premiers pas sur cette terre australe au sable rouge et à l'odeur d'eucalyptus, mes symptômes prétendument incurables ont tous disparu pour ne plus jamais réapparaître. Mon feu intérieur s'est rallumé, et les jours, semaines, mois qui passèrent furent extraordinaires. Au début, je n'arrivais pas à me nourrir, ne parlant pas un seul mot d'anglais. Je traînais alors dans les quartiers chinois où trônaient des images décolorées par le soleil sur la devanture des restaurants : je n'avais plus qu'à pointer du doigt ce que je voulais manger. C'était un autre temps, sans internet.

Faisons un bond en avant ! Aujourd'hui, j'ai parcouru l'équivalent du tour de la planète à pied, seule, et je fais partie du cercle très fermé des explorateurs à Washington DC. Mon titre précis est : « *National Geographic Explorer* ». Auteure de neuf livres, j'ai donné plus de 500 conférences dans les institutions les plus prestigieuses, entreprises, universités, en anglais et français.

Mais qui suis-je vraiment ? Eh bien, je suis toujours et très humblement cette petite fille qui voulait marcher loin, très loin avec son chien… Il s'est avéré que cette petite fille aux yeux espiègles et aux joues rosées, coiffée d'une petite coupe à la japonaise, avait un feu intérieur si beau qu'aujourd'hui si je la rencontrais, je lui dirais :

« Tu avais raison sur toute la ligne. Il m'a fallu faire le tour de la planète pour comprendre toutes ces choses… »

Ce qu'elle savait certainement déjà…

– 2 –

LE JOUR OÙ J'AI OUBLIÉ LES RÈGLES

Quelque part au milieu du Kimberley

Je pose mon sac dans l'urgence et m'empresse de me frotter les yeux : il y a quelque chose d'anormal, un voile opaque vient de s'installer, je n'arrive plus à faire la mise au point. Au même moment, mon rythme cardiaque s'accélère anormalement mais je reste concentrée à fixer l'horizon. Ma priorité est ma vision, et là, elle est vaseuse, floue. C'est très étrange… Je ne comprends pas ce qui m'arrive et m'appuie à l'arbre le plus proche. Je continue frénétiquement à ouvrir et fermer les paupières, mais ma vue ne s'éclaircit pas pour autant, au contraire. De précieuses secondes s'écoulent, de la paume de ma main droite je palpe désormais l'écorce de l'arbre ; il est devenu mon binôme, et je colle ma colonne vertébrale contre la sienne, me laissant glisser jusqu'à ce que mes fesses touchent le sol… Je viens de perdre la vue.

Avant le départ

J'ai rêvé de cette expédition depuis des années, une expédition avec une démarche dans un style ancestral, où je me nourrirais comme les chasseurs-cueilleurs de l'époque, mangeant ce que je trouve : racines, plantes, insectes, poissons, coquillages… Et je ne m'arrête pas là, je me vois glaner le sang des arbres, récolter le miel des abeilles sauvages ou encore sucer le précieux nectar des fleurs d'un *Grevillea* à dix mètres au-dessus du sol… Vous voyez le genre d'expédition ? C'est un peu comme si chaque chose que j'ai réalisée avant celle-ci était un pas de plus en direction de cet ultime challenge ! La survie pure.

Les années ont donc passé, et je les ai employées à me préparer indirectement à cette expédition-là. Mais comment être sûr que l'on est prêt ? Je n'ai jamais pu vraiment répondre à cette question. Un jour j'ai simplement décidé que je l'étais, parce que, en réalité, on ne l'est jamais ! À un moment donné, il faut se « faire peur » ! Si tu n'as pas la boule au ventre, cela ne vaut pas la peine de commencer. Mais comme je le dis souvent, l'essentiel est la préparation. Même si je sais, avec l'expérience, que celle-ci ne servira pas à grand-chose, juste à rassurer son intellect sur la légitimité du processus. Souvent un à deux ans sont nécessaires pour une préparation physique méticuleuse et surtout mentale : je dois me détacher de cette vie d'ici pour m'adapter à celle qui m'attend.

La préparation de cette expédition de survie a ainsi commencé sérieusement. Mais rien n'allait se faire dans la facilité… J'ai passé beaucoup de temps à bien étudier la pharmacopée de la région, les biotopes différents, les habitants. Et là je ne parle pas des humains, quasi absents, mais des animaux. Je vais devoir être déposée en hélicoptère sur la côte nord. Cela fait plus de vingt ans que je réalise des expéditions seule en milieu isolé là où les humains sont rares : désert, jungle, savane, haute montagne, etc. J'ai donc un peu d'expérience : au moment des faits, j'ai plus de 40 000 kilomètres à pied à mon actif, et ma dernière expédition a été de marcher de la Sibérie à l'Australie du Sud[4] en trois ans. Mais je sais que, dès le moment où j'ai la prétention de tout maîtriser, je suis morte !

4. Voir *Sauvage par nature* aux éditions Michel Lafon, 2014.

Je commence donc toujours avec un état d'esprit de débutante. Le fait que j'oublie à peu près tout une fois une expédition terminée aide le processus de recommencement, mais ça, c'est une autre histoire…

Kununurra, capitale du Kimberley, un mois avant le départ

La position au sol de l'ombre créée par la toiture du Mango Cafe m'indique que cela fait des heures que je suis assise à cette terrasse, à avaler des boissons qui heureusement ne sont pas alcoolisées. De grands eucalyptus protègent la rue, les perroquets radotent dans les hautes branches, l'odeur est douce et à la fois empreinte d'une senteur de Terre promise. Les heures défilent mais je reste concentrée ; je laisse passer le temps, des scènes de vie trottinent devant mes yeux, des jeunes gens s'embrassent, les travailleurs de la route dans leur uniforme fluorescent viennent chercher leur repas, des mères de famille accompagnées de trois, quatre et même cinq enfants en bas âge se retrouvent. Elles se battent pour simplement poursuivre une conversation sans être interrompues par le petit dernier qui vomit, le grand qui tire les cheveux à la petite blonde, ou encore par le cadet qui déplace les chaises de la terrasse sur la route en jouant avec son ami imaginaire. Et je reste là, connectée à l'instant présent : je dois trouver le détail qui ne colle pas dans ces scènes qui naissent devant mes yeux. Je dois trouver le « signe », et tant que je ne l'aurai pas trouvé, je ne bougerai pas d'ici…

La serveuse qui m'a déjà servi cinq boissons différentes, un lunch et un dessert s'approche de moi, par pitié ou amitié…

– Tout va bien par ici ?

– … *(Je lui fais un sourire forcé qui signifie que je n'ai pas envie de parler.)*

– Vous attendez quelqu'un ?

– … *(J'occupe ma bouche en sirotant bruyamment le fond de mon smoothie à la mangue.)*

– Une Européenne qui ne parle pas un mot d'anglais, hum !? *(Si vous vous l'imaginez blonde, vous avez raison, elle l'est.)*

– Non, juste quelqu'un qui est très déçu du genre masculin australien. *(Je lui réponds dans un anglais du coin.)*

– Ah ben, ça, on l'est toutes ! *(Elle lâche un rire généreux.)* Il vous a larguée ?

– Non, il m'a abandonnée à l'aéroport, c'est pire. J'ai un véhicule de ville aussi grand qu'une poubelle jaune canari et je n'ai pas de 4 × 4WD tout-terrain pour faire mes repérages d'expédition dans le bush à cause de la forte demande de haute saison, et je ne vous parle pas de tous les préparatifs à faire qui n'étaient pas prévus.

– Houpsi ! C'était qui ? Un gars bien ?

– L'homme au chapeau noir… murmuré-je, pensive. Oui, un gars bien… Enfin jusqu'à ce jour. Alors, voyez-vous, je bois des cafés… J'attends un signe.

« Quand tout s'écroule ainsi, il n'y a qu'une chose à faire : rester immobile, surtout ne pas s'agiter, et attendre un signe ! »

Elle passe sur ma table un coup de chiffon nerveux, ses pensées sont visiblement parties ailleurs. Sans un mot, elle lève la tête et me regarde à la dérobée : il y a dans ses yeux une lueur que j'ai du mal à identifier. Peut-être de l'admiration, ou alors du dépit, ou encore de la pitié, mais une chose est sûre, elle ne reviendra plus à ma table.

Je me décide à appeler mon assistante en Suisse pour lui expliquer la situation. Lorsque j'ai terminé, il y a un blanc de quelques secondes puis elle s'écrie :

– Tu plaisantes, là ? Après tous les Skype de préparation méticuleuse que l'on a eus avec lui, il n'a pas pu faire ça !

– Tu as l'air encore plus choquée que moi, il me semble. Non ?

– Mais il t'a dit quoi exactement ?

– Eh bien, j'étais en train de récupérer mes bagages à l'aéroport, enfin ce n'est pas vraiment un aéroport mais un genre de grand hangar, quand j'ai reçu un message vocal : "*Sorry darling, I'm not gonna make it!*"[5]

– C'est tout ? Je n'y crois toujours pas. On est dans la merde jusqu'au cou. Bon, je pense que ce ne serait pas bon pour lui qu'il te croise un de ces quatre, j'imagine…

– Je vais trouver une solution. *(Je rigole et la rassure.)* Je te rappelle quand j'ai vu passer un signe, ok ?

– Quoi ?

Je raccroche.

De la terrasse, j'entends le raclement des pieds des chaises qu'on déplace à l'intérieur : les filles sont en train de nettoyer, le café va fermer, je dois partir. Je rentre tant bien que mal dans ma voiture où les plus petits interstices sont remplis de mes sacs d'expédition, place passager comprise. Direction River Farm Road, où j'ai loué un studio dans un cabanon séparé de la maison principale. Géographiquement, cela se trouve derrière les plantations de manguiers à l'extérieur de la petite agglomération de Kununurra selon mon GPS. Une vingtaine de minutes plus tard, je sors de la piste, m'engage sur le chemin d'accès au numéro 511 et passe le portail de la propriété. C'est paisible, il n'y a aucun bruit à part celui de mes pneus qui écrasent des brindilles à la vitesse du pas. L'endroit est isolé, la nuit est en train de manger les contours de cette carte postale végétale. Je suis accueillie par une allée

5. « Désolée chérie, je ne vais pas pouvoir venir. »

de grands palmiers sur ma droite et des bosquets géants de bougainvilliers fuchsia qui semblent envahir l'endroit. C'est luxuriant et je me gare devant le bâtiment principal. La propriétaire me rejoint aussitôt pour une prise en charge rapide et efficace, qui me soulage et répond exactement à ce dont j'ai besoin. Je n'ai pas envie de parler ce soir. Dans ma tête, une seule image tourne en boucle : il porte un chapeau noir de cow-boy ! Pfutt, comment a-t-il pu me faire ça ? Je rumine, je fulmine… Il connaît exactement l'enjeu. Sans lui, sans ses connaissances du terrain, sans son incroyable 4 × 4, équipé pour des conditions extrêmes australiennes, un repérage d'expédition est impossible, voire l'expédition tout court. C'est aussi simple que ça. Et ça, il le savait ! Son faux plan est-il lié à Rome ? Et moi qui pensais qu'il avait oublié. Mais est-ce qu'un de nous deux peut vraiment oublier Rome ? Je me réjouissais tant de faire des repérages et de vivre dans le bush avec lui, tout en testant mes techniques de survie et en m'acclimatant pendant un mois. On en avait tant parlé.

– *Sorry darling, I'm not gonna make it…*

J'imite sa voix rauque et sa gestuelle.

– *Too bad for you mate! (Je réponds dans le vide, comme s'il était en face de moi !)*

Je me glisse dans mon lit, la journée a été longue et épuisante. Moralité : ne jamais voyager avec son cow-boy loin du bush, là où son cheval ne peut pas aller, et encore moins à Rome même si c'est lui qui insiste…

Je me prédis une superbe journée pour le lendemain, riche en bonnes surprises ! Je n'ai pas dit mon dernier mot !

– Bonne nuit Australiiiiaaaaa…

Dès les premières lueurs, je distingue par la fenêtre la propriétaire qui s'agite dehors sur la pelouse près de la piscine. Je sors respirer ce nouveau jour, elle me fait signe et m'invite pour le café. Cinq minutes plus tard, je passe le pas de la porte du studio et rejoins la terrasse. J'en ai le souffle coupé : en contrebas il y a une vue spectaculaire sur la rivière Odd qui s'écoule sans qu'on s'en aperçoive vraiment, si calme, sans remous, un miroir ce matin dans lequel le ciel se recoiffe. Des crocodiles sont comme endormis sur la berge, tandis que les cacatoès blancs avec leur crête jaune pâle passent en râlant au-dessus du toit de la propriété pour se rendre dans la mangueraie. Judy, cette femme dynamique à la soixantaine athlétique, arrive avec, dans une main, une assiette de cookies au chocolat qui sortent du four, et dans l'autre, un plat de mangues qu'elle vient de sortir du congélateur.

– Elles seront décongelées ce soir, ce n'est pas la saison actuellement, mais vous m'en direz des nouvelles, me dit-elle avec un enthousiasme contagieux.

On papote. Je lui raconte mon histoire, elle écoute, puis regarde sa montre et se lève en poussant d'un coup sec le siège dans lequel elle est assise.

– Ok ! dit-elle. Premièrement, je vais te trouver une solution, ici on trouve toujours des solutions. Je dois partir, mais ce soir, prépare-toi, tu vas chez mon amie Anne, médecin spécialiste des expéditions en zone dégradée, et son hobby, c'est la marche, elle a toutes les cartes topographiques de la région, elle va pouvoir t'aider. Je vais aussi contacter une amie aborigène. Puis on verra où cela nous aura menées. Là, je n'ai pas le temps, je dois me préparer, je marie un jeune couple à 14 heures… Ciao !

Et la voilà qui disparaît dans la cuisine… Je reste sur la terrasse à surplomber cette magnifique rivière. Je rigole toute seule. La vie est belle, merci, merci !

Le soir même, je rencontre Anne chez elle. Une amitié se lie ainsi, à genoux dans son salon, devant une ribambelle de cartes topographiques. Nous modifions l'itinéraire de plusieurs kilomètres, rendant celui-ci possible avec l'aide de deux-trois de ses amis, dont un couple qui n'est pas là ce soir mais sera là demain. Ce couple vit au milieu de nulle part, ce sont les Katchaniens.

– Ils atterrissent demain matin en ville, ils viennent se ravitailler. Je vais arranger un rendez-vous au Mango Cafe. 9 heures, ça te va ?

– Comment ça, ils atterrissent ?

– Là où ils habitent, il n'y a pas de route d'accès, le seul moyen, c'est à pied ou en avion, et ils sont les seuls à connaître les conditions de cette région. Je veux absolument que tu les rencontres avant de te lancer dans ce genre de bush !

– Juste magnifique ! Merci, tout va si vite que j'ai du mal à suivre !

Le lendemain au café, je rencontre les incroyables Katchaniens qui ont élevé trois enfants dans le bush, dans des conditions juste impensables. Durant l'expédition, je passerai en marchant via leur petit paradis. Et je comprendrai ce jour-là ce que signifie l'expression "*off grid*"[6].

Le temps avec les Katchaniens arrive à sa fin : je suis prête à partir lorsqu'une grande et imposante femme aux longs cheveux blonds, habillée comme si elle était à New York, s'assied en face de moi. Le contraste est immédiat, et intéressant, me dis-je. Cette petite ville poussiéreuse écrasée par la chaleur, où se côtoient mineurs, cow-boys, Aborigènes, et qui n'est autre que le dernier bastion pour boire une bière bien fraîche avant la dure réalité du bush, possède donc une princesse !

– Bonjour Sarah, c'est Judy qui m'a dit que je te trouverais ici. Je suis Emma, l'avocate de la ville.

6. Vivre hors réseau : sans utiliser ni dépendre des services publics, notamment la fourniture d'électricité, le téléphone et le réseau d'eau.

Je lui souris, l'invite à s'asseoir et silencieusement je prononce ces deux mots : merci, merci.

– Sur ton passage, selon Anne qui m'a appelée…

Elle fait une pause, laisse le silence s'installer et continue avec un petit sourire malicieux :

– Décidément, tu es populaire Sarah ! Je disais donc que tu vas passer sur les terres de mon père, entre autres, dans la deuxième partie de ton expédition. Je me charge d'avertir les rangers responsables des terres qui s'étendent sur plusieurs centaines de kilomètres au sud, pour qu'ils te laissent tranquille.

Je reste sans voix et bredouille :

– *Thank you!*

– Ce n'est rien, on va tout faire pour que tu puisses partir à temps et dans de bonnes conditions… Après, ce sera à toi de jouer.

Entre deux, mon assistante Jennie est montée dans un avion pour me rejoindre (je devrais dire plusieurs avions), et m'aider à monter cette nouvelle expédition. Elle ne sait pas encore que tout est magnifiquement remis sur les rails. Je vais la chercher à l'aéroport avec mon canari mobile. À peine arrivée, complètement jetlaguée, elle s'effondre de rire sur le parking à la vue de mon véhicule et commence à gesticuler comme elle le fait souvent.

– Ah mais non ! Non ! Tu fais que des conneries, c'est quoi, ce truc ?

– Tu montes et tu arrêtes de brasser de l'air. Je commence presque à l'aimer, moi, ce Lego jaune.

Elle part dans un fou rire qu'elle arrête net lorsqu'elle comprend que les petites mouches qu'elle essaie de chasser de son visage depuis son arrivée lui rentrent aussi dans la bouche.

– Bienvenue dans le Kimberley, miss Jennie !

Je hurle en claquant la porte pour qu'elle se ferme.

À l'intérieur de l'auto, elle secoue la tête en rigolant…

Le lendemain, on se rend à la base d'hélicoptère pas loin de l'aéroport, pour réserver mon vol de départ sur la côte nord, que je désigne sur leur carte topo d'aviation épinglée au mur du hangar.

– Vous voulez qu'on vous dépose là ? demande le gars en charge des réservations.

– Oui, là, exactement, et si on peut partir tôt le matin, c'est encore mieux.

Il me regarde sans savoir par où commencer, en secouant la tête.

– Ce n'est pas possible…

– Ah bon, et pourquoi ?

– Je ne peux pas déposer une blonde, hum, une femme seule à cet endroit, vous êtes folle ! Vous savez ce qu'il y a là-bas ?

– Oui, je pense avoir une idée !

– Non ma petite, tu n'en as aucune idée. Il n'y a rien à part des crocodiles, des serpents mortels, des taureaux sauvages et je te laisse deviner le reste : il n'y a pas d'humains, renchérit le gars du hangar.

– Vous lui avez dit « ma petite » ? s'exclame Jennie. Oh ! Pauvre de vous… marmonne-t-elle tout bas.

– Oui, c'est bien là que je veux aller. Je vous montre mon site internet, ça va vous rassurer.

Il se penche sur la première page de mon site, mais la poitrine de Jennie appuyée sur le rebord du bureau d'accueil lui semble une source d'informations plus intéressante.

– Ok, pas de problème, je passe un petit coup de fil si vous le voulez bien.

À peine ai-je raccroché mon téléphone que celui à côté de son bras droit sonne. Et j'entends la voix de l'avocate de la ville.

– Alors Jeff, tu n'as pas été un bon garçon à ce qu'on me dit ?

– Arrête Emma, j'ai une cliente.

– Oui, je parlais bien de ta cliente, là ! Tu vas t'empresser de faire ton travail et de réserver un segment pour Sarah. Pour ton information, sache qu'elle est exploratrice au *National Geographic* ! Elle a trois kilos de couilles de plus que toi ! Alors bosse un peu, sinon je t'envoie Anne !

– Non, non, c'est bon, m'en fous moi, dit-il sans quitter des yeux le tee-shirt moulant de Jennie, tout en serrant les lèvres. Il ressemble à un petit chien devant un os.

Je souris en regardant nonchalamment la structure métallique du hangar. Jennie, qui n'a rien manqué de ce cinéma, fait un petit saut à pieds joints sur place avant de partir puis de faire demi-tour.

– Alors on y va ? dit-elle en levant ses sourcils innocemment dans ma direction. À bientôt, Jeff le macho.

Des semaines plus tard, au fin fond du Kimberley

Je suis assise sous un arbre qui n'est pas un arbre « à ombre ». Ils ne sont pas tous des donneurs d'ombre et je me dis que j'aurais dû mieux le choisir avant de déposer mon sac de 32 kilos à son pied. Chaque fois que le pose par terre, je dois être certaine de ma décision, car l'effort sera herculéen quand l'heure viendra de le remettre sur mon dos : chaque mouvement compte.

Libérée de ma maison, je m'assieds et respire profondément. Pensive, je me laisse envoûter par ce paysage qui pourrait paraître chaotique à première vue. Mais là, en cet instant, je me laisse bercer par la perfection de ce que je vois. Des hautes herbes sèches cachent ou protègent un gros rocher angulaire, des baobabs émergent en contrebas de la plaine comme des gardiens, un rapace fait des zigzags dans les airs, poursuivi par un oiseau tout petit, furieux et bien décidé à protéger son territoire et à faire la peau à l'envahisseur. Je rigole : la taille n'a donc vraiment aucune importance ! L'air, sec, est empreint de tanins, je respire profondément, les yeux fermés, pendant un moment. Je vais devoir prendre une décision, le soleil est au zénith et j'ai faim…

Je sais qu'il faut que je quitte cette vallée. Je suis arrivée au point où la rivière ne consiste plus qu'en quelques flaques d'eau. Je dois chercher de l'eau ailleurs, la sécheresse qui sévit a changé les règles habituelles, l'eau se cache désormais. J'attends encore un peu, je sais que dès que je quitterai l'ombre de cet arbre, un compte à rebours commencera. Sans eau, il n'y a pas de vie, et c'est un risque que je dois prendre. Je m'engage alors dans une combe asséchée composée de gros rochers ronds oxydés par un lichen rouge, pour atteindre le sommet de la crête. De là-haut, j'ai la vue sur la vallée suivante en contrebas qui s'étend sur des centaines de kilomètres. Tout est brun clair, brûlé par le soleil. Mes cartes annoncent des points d'eau mais comme je l'ai compris, ces informations ne sont plus fiables avec la sécheresse. Je n'ai pas le choix, je descends. Dans l'effort que je produis sous la chaleur intenable, je remarque que j'ai oublié la faim, et que l'urgence de l'eau l'a remplacée. Fascinant, fascinant… Je découvre que mon esprit fonctionne par priorité entre les urgences. À ce même moment, une première crampe me fait perdre l'équilibre et je tombe entre deux gros cailloux : un choc aussi soudain qu'une décharge électrique. *Shit, shit, shit!* Je hurle. Je reste prostrée au sol le temps qu'il faut pour laisser passer cette contraction. Il ne manquait plus que ça ! Mes règles sont, comme à leur habitude, imprévisibles et n'en font qu'à leur tête. Je dois impérativement trouver un coin d'ombre et prendre des antidouleurs. Je me relève tant bien que mal de ma chute, encore surprise de l'intensité de la douleur. Je laisse passer cette vague, et reprends mon rythme, jusqu'à la suivante. J'arrive enfin à localiser de l'ombre et me laisse tomber. J'ai des sueurs froides dans tout le corps. Des sueurs froides que je ne connais que trop bien, la douleur reprend. Je plonge dans mon sac pour en retirer mes antidouleurs que j'ingurgite avant de me coucher sur le sol de tout mon long. Maintenant, il n'y a plus qu'à attendre qu'ils fassent effet… Dans trente minutes, si tout va bien, je serai à nouveau opérationnelle. Je tremble de partout, la douleur augmente, et je retiens des spasmes de vomissement. Ne vomis pas, s'il te plaît, ne vomis pas… Quand mon seuil de tolérance à la douleur est dépassé, mon corps vomit. Mais là, je ne peux pas me le permettre, je perdrais trop d'eau. Je me concentre, respire, visualise des images de moi en pleine santé. Les trente minutes sont dépassées, et je commence à sentir cette douce sensation qui caresse mon bas-ventre, mes reins et mon dos : les médicaments font effet. Je me relève sonnée, mais déterminée. Maintenant la course contre la montre peut commencer : je n'ai que quatre heures jusqu'à la prochaine prise de médicament, je dois trouver de l'eau, je dois poser mon camp pour pouvoir récupérer. Je peste : dans une prochaine vie, je veux m'appeler Jack, faire deux mètres de haut et porter une grande barbe ! La sangle de mon sac à dos presse contre mes ovaires en feu. Mais ce n'est pas le moment de desserrer la sangle, au contraire, je la serre un peu plus, et j'accélère le pas. J'arrive avec soulagement au point où une rivière devrait couler. Mais voilà, tout est sec. Et depuis bien longtemps, vu l'état asséché du lit. Il n'y a pas un oiseau aux environs, rien. Je m'enfonce dans le lit sablonneux de la rivière, à la recherche d'indices. Les heures passent, je marche tête baissée. Et puis, soudain, le cours de la rivière change de direction. Enfin ! C'est ce que j'attendais. Je pose mon sac et m'empresse de creuser avec ma casserole, là exactement où il y a une courbe, mais rien, pas même une goutte d'eau ne remonte à la surface. Je me laisse tomber au sol, je ne tiens plus, je dois prendre mes antidouleurs. Ma gourde est au plus bas. L'un après l'autre, me répété-je, et je m'endors, sonnée par la dose de médicament. Je ne sais combien de temps s'écoule, mais lorsque je rouvre les yeux, la nuit commence à s'installer. Je me relève péniblement, et j'arrive à voir que les trous que j'avais faits avec ma casserole pour trouver de l'eau se sont remplis. Je souris, et remercie : Merci, merci…

Je continue. Maintenant, c'est la faim qui reprend le dessus. Depuis le matin, j'ai croisé des arbres pleins de fruits rouges que je ne connais pas, et cette fois, devant cette faim qui me ronge l'âme, je décide d'en goûter un que… je recrache immédiatement ! Il existe un protocole pour connaître la toxicité d'un fruit, mais je décide de ne pas l'appliquer. Je poursuis mon chemin, et ce goût amer est encore dans ma bouche lorsque je retombe sur ce même arbre. Je décide de réessayer, et cette fois, le goût est déjà moins amer. Je commence à grignoter un fruit, puis deux…

Après un moment, je sens quelque chose d'anormal dans ma vision. Je pose mon sac avec précipitation et m'empresse de me frotter les yeux ! C'est étrange : un voile opaque vient de s'installer, je n'arrive plus à faire la mise au point. Au même moment, mon rythme cardiaque s'accélère anormalement, mais je reste concentrée à fixer l'horizon. Ma priorité est ma vision, et là elle est vaseuse, floue. Je ne comprends pas ce qui m'arrive et m'appuie à l'arbre le plus proche. Je continue frénétiquement à ouvrir et fermer les paupières, mais ma vue ne s'éclaircit pas pour autant, au contraire. Les secondes s'écoulent, de la paume de la main droite je palpe l'écorce de l'arbre ; il est devenu mon binôme, et je colle ma colonne vertébrale contre la sienne, me laissant glisser jusqu'à ce que mes fesses touchent le sol… Je viens de perdre la vue.

Je la retrouverai après des heures. Mais la leçon que ce petit arbre m'a donnée est d'une valeur inestimable : il existe un protocole de toxicité et il faut le suivre pour une raison simple. Un plaisir rapide peut coûter la vie dans ce genre d'environnement… On ne m'y reprendra plus à manger quoi que ce soit d'inconnu sans passer par les étapes de détection de toxicité.

– 3 –

LA MAISON DU TEMPS

L'explication de l'instant présent est très confuse et simple à la fois. Lorsque l'on positionne le futur et le passé, eh bien, entre les deux se trouve l'instant présent.

« La quintessence de la vie
sous toutes ses formes
se trouve à un seul endroit…
Dans l'instant présent.
Mais où se cache-t-il ? »

Dans le foyer d'un auditorium quelque part aux États-Unis, un professeur à la tignasse grise fait face à ses élèves.

Il extirpe avec beaucoup de délicatesse, du fond de sa mallette, un magnifique sablier en bois qui a indubitablement vécu bien des aventures et appartenu à plus d'un propriétaire vu sa patine vintage. Il élève l'objet devant ses étudiants, comme on le ferait d'une coupe de vin avant la bénédiction, et de son index désigne la partie supérieure du globe de verre remplie de sable : « Ici, dit-il, vous avez le futur, c'est ce qui n'est pas encore arrivé. » Il s'arrête un instant et regarde son auditoire puis continue en indiquant la partie inférieure cette fois, exactement similaire à la partie supérieure, à la différence près que celle-ci reçoit le sable qui s'écoule : « Et là vous avez le passé », s'exclame-t-il. Il lève à nouveau la tête pour s'assurer qu'il a toute l'attention de ses élèves, et poursuit d'une voix ferme et grave à la fois, comme si le moment était solennel : « Ici, à ce petit passage étroit, se trouve la star du show, l'instant présent. » Il attend encore quelques secondes, repose l'objet et regarde la jeunesse devant lui, comme pour s'assurer que son message a bien été reçu par ces décideurs de demain. Le silence est total, et pendant un moment qui semble une éternité, il cherche le contact avec leur regard, un à un, comme si ses paroles allaient changer leur monde. Il finit par baisser la tête.

Et reprend : « Il faut que vous compreniez que le temps de chacun s'écoule comme dans le sablier… Et la seule position où vous pouvez vous trouver est ici », insiste-t-il en désignant la partie centrale, la « taille » étroite du vieux sablier. Son émotion est si grande que sa main commence à trembler légèrement. Dans l'auditorium, les étudiants ont compris que cette révélation banale était en fait un « message de vie ». L'air semble rempli d'une tension étrange comme avant un événement très important.

Le vieux professeur prend sa mallette, y range le sablier avec délicatesse et fait face à son auditoire : « C'est tout pour aujourd'hui ! Faites ce que vous voulez du reste du cours, ce temps vous appartient avant tout. » Et il part.

Les élèves suivent chacun de ses gestes. Ce fut certainement le plus bref de leurs cours, mais probablement le plus efficace. À ce jour, j'ai toujours en mémoire l'image de ce sablier. Par moments, je sens le sable s'écouler, comme si le temps s'échappait de mon corps. « Oui, il y a urgence, arrête de dormir Sarah ! Réveille-toi », me crie-t-il.

Cette explication-là est restée gravée en moi et m'a fait vraiment prendre conscience de l'importance du temps qui s'écoule, et peu importe qui l'on est, où l'on est né sur cette planète, cette loi est applicable à toute cellule vivante. C'est la loi de la nature. Toute chose naît, toute chose meurt. Cette démonstration faite par ce professeur d'université fatigué (dont j'ai malheureusement oublié le nom) est si éclairée et ancrée dans l'action qu'elle reste imprimée en moi. Il avait raison, c'était bel et bien un message de vie.

La vie n'en fait qu'à sa tête

La chose la plus étrange, en réalité, est que je suis devenue un écrivain voyageur, moi qui avais des notes de 2 ou 3 sur 6 en français, alors que les 6 pleuvaient sur le reste des branches. Mais, voyez-vous, ces notes misérables ne visaient jamais le contenu du texte, non, mes histoires étaient toutes jugées « surprenantes », peut-être trop finalement. J'ai presque « croché » lorsque j'ai enfin changé d'enseignant, vers mes onze ans, mais malheureusement, il n'est pas resté assez longtemps en poste à mon goût. Mes problèmes étaient, selon mes professeurs de français : la structure et l'orthographe. En réalité, j'appellerais plutôt ça « l'habillage » parce que le corps de l'histoire était bien là. Mais les enseignants continuaient de me noter sur la propreté de la dissertation que l'on appelait alors composition.

L'habillage est si important dans nos sociétés que lorsque je me suis retrouvée à un moment de ma vie d'exploratrice dans une situation où avoir de l'eau ou pas faisait la différence entre vivre et mourir, j'ai compris que peut-être cette société actuelle se focalisait trop sur l'enveloppe et pas assez sur le contenu. Je me suis rendu compte que, jusqu'ici, j'avais été avec des sortes d'imposteurs, des acteurs, dans une mauvaise pièce de théâtre. Presque aucune de mes neuf années d'école n'avait été valable à la lumière de ce que je vivais. M'a-t-on inspirée une seconde, appris à croire en moi, à voir la vie avec la philosophie et la distance qu'elle demande ? Met-on l'humain au milieu des équations ? Enseigne-t-on à connaître la nature pour pouvoir la préserver et y vivre ? À cuisiner ? Ah oui ! Ça j'ai appris, à faire de la langue de bœuf, des atriaux, des tripes milanaises et une sauce blanche ! Mais rien de tout cela ne correspondait une seconde à ce que la vraie vie demandait, personne dans ma région du Jura suisse n'avait jamais entendu parler de langue de bœuf, cela appartenait à une autre culture ; quant aux tripes à la milanaise, eh bien les Français et les Chinois en raffolent mais ici, c'est comme si je vous disais que le jus d'œil de mouton mongol est sensationnel ! Il l'est pour eux… À part choquer et démoraliser des jeunes gens avec des recettes interminables, qu'ils n'ont de surcroît aucune chance de reproduire dans un quotidien normal, rien de tout cela n'avait de sens à moins de vivre cent ans plus tôt dans un château quelque part en France. Oui, j'entends la cheffe en cuisine présenter le menu au maître de maison à la fin du petit-déjeuner :

– Pour ce midi, nous avons une magnifique langue de bœuf vinaigrette en entrée avec, en accompagnement, des pommes de terre en robe des champs suivies de cailles farcies aux raisins.

La deuxième chose qui me choquait était le manque de bienveillance de certains professeurs qui s'acharnaient sur un gamin du village. Les profs vérifiaient qu'il avait bien les mains propres, on lui retournait la main et on lui disait : « Il est où ce poil qui pousse dans ta main ? » Cela devant toute la classe. La malveillance ne s'arrêtait pas là ; le garçon recevait des coups sur la tête par-derrière et tout le monde rigolait ou presque, certains sans savoir ce qu'ils validaient vraiment avec leur rire, d'autres en simples moutons, et moi je tremblais pour lui à chaque fois. Il passait souvent le cours entier d'école ménagère enfermé soigneusement à double tour « pour rigoler un peu » dans un placard par l'un de ses camarades « moutons » sans que jamais la prof ne réagisse. Ce que j'ai pu constater, en outre, pendant ces neuf années d'école, c'est que nos maîtres enseignaient des matières qu'ils ne connaissaient pas, comme l'allemand qu'aucun d'eux ne maîtrisait ; on s'acharnait sur les abats d'un pauvre bœuf à chaque leçon de cuisine parce que c'était le dada de l'enseignante et l'on considérait comme normal d'abuser de son pouvoir sur un pauvre gamin.

J'ai donc dû faire le deuil de mon éducation scolaire dont rien ou si peu n'allait me servir. Le système était par ailleurs faussé dès le départ avec le seul intérêt de donner des notes pour juger d'un savoir appris souvent par cœur et appliqué à la lettre, et non d'apprécier la créativité et la capacité à trouver des solutions.

Le pauvre ou la pauvre prof ![7] Je suis très compatissante à l'égard de ce corps de métier, car si la vie ne leur a pas appris l'importance du cœur et de la créativité, comment vont-ils pouvoir enseigner la vibration de la « vie » ? Parce que, voyez-vous, tout part du cœur : les grands mathématiciens, les plus grands peintres, écrivains et poètes ainsi que les musiciens et tous les hommes et femmes qui ont laissé une trace sur cette Terre en nous livrant l'œuvre de leur vie vibrent avec le reste du vivant ; c'est cela qui nous différencie des autres espèces.

« L'imagination est plus importante que le savoir. » Albert Einstein

J'ai alors décidé de repartir de zéro et de faire mon éducation. J'ai eu la chance d'aimer lire, d'avoir vu ma mère lire dès qu'elle avait deux minutes de libres. Je la vois encore se plonger dans son livre le sourire aux lèvres.

Ma curiosité de rat de bibliothèque m'a guidée vers des gens formidables, vivants ou déjà morts, que je retrouverais sur mon passage, dans les livres ou sur ma route… Mes expéditions m'ont permis de

7. Fort heureusement cela a changé de nos jours, du moins j'aime à le croire.

rencontrer les gens les plus extraordinaires dans leur genre. Et si la vie c'était ça ? La non-conformité, la diversité, la curiosité insatiable, être apprenti de la vie jusqu'au dernier souffle…

À cause de la pauvreté de mon instruction dans mon village, j'ai réussi à me reconstruire facilement, un peu comme si mon désavantage de départ était devenu ma force. Voyez-vous, mes années scolaires ne m'ont pas formatée et m'ont si peu nourrie que j'ai eu soif et faim. J'ai voulu savoir qui j'étais et ce que je pouvais vivre en participant à l'avancée de l'humanité, et surtout quels étaient l'histoire du monde et nos superpouvoirs !

Dans mon désert d'éducation, j'ai su croire à l'impossible…

Je suis alors partie en quête de ma vie. Pour savoir qui j'étais, je devais répondre à tant de questions… Donc seule, un jour, et très jeune, j'ai levé le camp pour une vie d'aventure où j'allais prendre ma vie entre mes mains. J'avais à ma manière compris que les dés étaient les miens et que je devais faire avec, que la justice avait plusieurs vitesses et que j'étais la seule responsable de mon destin. Mais aussi, je savais que la vie et ses injustices pouvaient frapper à ma porte à tout moment, la seule différence étant que désormais je savais qui j'étais ! Et quand on sait qui on est, peu importe ce qui se passe à l'extérieur, le cœur reste solide et vibrant, laissant passer les mécréants, les imposteurs, les arnaqueurs et les faussaires. Je me suis alors fait la promesse d'ajouter une nouvelle compétence à mon catalogue de base chaque année. Que ce soit l'apprentissage d'une nouvelle langue, d'un programme informatique, d'un art martial, etc.

Au fil des années, mes expéditions se sont succédé, mais je devais sans cesse faire face à beaucoup de gens qui avaient trop fait d'école *(rires)* ! Mes expéditions, j'aurais dû les appeler « mission impossible n° 1, n° 2, n° 3, etc. ». En effet, à chaque fois, 80 % des gens m'ont rabâché que c'était impossible, 19 % s'abstenaient et le 1 % qui restait m'encourageait de toute son énergie comme le font les supporters d'une équipe de foot : peu importe ce qui se passe, leur enthousiasme ne tarit jamais. Ce fut un cadeau de la vie !

Si je devais vous souhaiter une seule chose, eh bien ce serait cela : que ce 1 % fasse partie de votre vie ! Vous n'avez pas besoin de plus ! 1 % suffit, il est le vent de l'espoir, il est le validateur et confirme que vous êtes sur le bon chemin.

Aujourd'hui, c'est différent : vous êtes là avec moi, mes lecteurs. Souvent, vous me suivez depuis bien des années. J'ai ce privilège de vous savoir à mes côtés et j'en profite pour vous remercier du fond du cœur. Quand on arrive à toucher un cœur, c'est comme la vibration d'une mélodie, elle voyage dans le vent et se répand partout. Un livre sait faire ça, il a sa propre vie et se passe de main en main. Mais un livre de bibliothèque est bien plus mystérieux et intrépide, c'est un voyageur professionnel. Si vous cherchez à changer votre vie, commencez par physiquement aller à la bibliothèque, arrêtez de vous cacher derrière votre ordinateur, et les livres vous transformeront. Tant de mondes vous attendent, ils s'entrecroisent dans le même bâtiment et, expérience faite, beaucoup de choses se passent dans les bibliothèques… (!) Au fond, c'est peut-être pour cela que je continue à écrire, j'ai l'espoir de toucher des cœurs, et envie de vous montrer avec mes livres que tout est possible !

Est-ce que j'ai réglé mon problème avec l'orthographe ? Oh non, mais aujourd'hui, je sais si une faute d'orthographe s'est glissée avec ses copines dans mon texte. Comment ? Eh bien j'ai abondamment lu dans ma vie, de sorte que si une phrase n'est pas belle, alors elle me pique l'œil. Je commence donc une enquête, je la poursuis ! Voyez-vous, j'ai une mémoire photographique qui m'a souvent sauvé la vie (mais cela est une autre histoire). Si vous passez suffisamment de temps avec les mots, ils vous livreront leurs secrets. Les mots ont une mélodie, un rythme à eux. Et si je n'arrive pas à résoudre un problème avec une phrase, je vais la lire à haute voix pour tester sa mélodie. On attribue à Victor Hugo cette petite phrase qui expliquerait tout (*rires*) :

« L'orthographe est la science des sots. »

Ne vous méprenez pas, je travaille deux fois plus que tout le monde, mais cela m'importe peu, il n'y a que le résultat qui compte ici. Quand je donne un manuscrit à ma maison d'édition, c'est toujours avec un émoi qui s'apparente à une séparation. Chaque livre m'a fait grandir, évoluer, je me repositionne constamment et apprends encore et toujours. Mon dernier défi a été d'écrire un roman pendant la pandémie, un vrai challenge. Écrire un roman[8], il s'est avéré que c'est encore un autre métier, que j'ai dû apprendre. J'ai investi un an pour l'écrire. Vous tenez le neuvième de mes ouvrages entre vos mains. Alors quand quelqu'un vous dira que quelque chose est impossible, souvenez-vous de mon histoire et dites-vous que rien n'est impossible, même si les dés au départ ne sont pas en votre faveur. Vous allez nécessairement trouver des solutions bien à vous.

Mes rêves

Mais comment ai-je donc fait pour apprendre à nager à contre-courant comme cela ? Eh bien la réalité prend forme dans ma tête, puis je projette mes rêves dans le monde réel. Je suis si déterminée à croire en mes rêves qu'ils prennent vie bien avant que je

8. *À dos d'oiseaux*, Éditions Michel Lafon, 2021.

vous en parle. Il y a eu Mme Australie, Mme Sibérie-Australie, M. Kimberley, Mme Cordillère des Andes, Mme Tasmanie, etc. Et cela bien avant de devenir réalité. Vos rêves doivent avoir un nom, une couleur, une odeur, ils doivent être aussi vivants que vous et votre seul job est de leur donner des ailes et des pieds. Ils doivent se réveiller chaque jour avec vous et doivent être les derniers à qui vous souhaitez « Bonne nuit… à demain » !

« Si les autres ne voient pas où vous allez,
eh bien cela doit être le dernier de vos soucis !
Vous devez croire en votre cœur
et en qui vous êtes ! »

– 4 –

LE *BUSH TELEGRAPH*

Australie, expédition de 17 mois – 14 000 km, 2002-2003

Centre de l'Australie, juillet 2002

Je pense sincèrement qu'à ce jour, je n'ai pas encore pris la pleine mesure de cette première grande expédition australienne, qui a duré dix-sept mois et au cours de laquelle j'ai parcouru 14 000 kilomètres dans les zones ingrates de l'île-continent. Dans ces bouts de désert où personne ne se rend et où la vie est si fébrile et la température si élevée qu'une vague de chaleur presque permanente se forme au-dessus du sol. C'est là – où 98 % des Australiens n'ont jamais mis les pieds – que j'ai gagné mes galons d'exploratrice. Des zones désertiques vides où, à des centaines de kilomètres à la ronde, le vent règne en maître avec les mouches, en compagnie du soleil qui grille tout sur son passage. Ces no man's land m'ont tant appris ! C'était seulement en fin de journée, quand je me glissais dans mon sac de couchage, que tout s'arrêtait ; je laissais ce monde hostile à l'extérieur, j'enfilais mon collant de nuit et laissais mon corps récupérer. Durant cette expédition, j'ai sauvé mon chien D'Joe de la mort et j'ai été sauvée par lui quelques mois plus tard dans un incendie de forêt, j'ai échappé à une demande en mariage, été arrêtée par la police, les dingos ont dévasté ma tente, puis un chasseur de kangourous m'a tiré dessus… J'ai aussi souffert de calculs rénaux au milieu du désert, loin de tout, mon bassin bougeait tout seul de douleur, puis j'ai dû recoudre mes deux talons et on m'a volé mes chaussures dans un pub. Je m'arrête là ! Le reste vous le trouverez dans mon livre *L'Aventurière des sables*[9]. Mais voyez-vous, ce sont des moments formateurs, qui nourrissent. Mes expéditions n'ont jamais été une démarche de kilomètres à parcourir, elles n'ont rien à voir avec de la technique pure, non, ce ne sont là que des conséquences. Mes expéditions ont été, chacune à sa manière, des programmes de dépassement de soi.

---

9. *L'Aventurière des sables*, Éditions Michel Lafon, 2018.

« Si le projet ne me fait pas peur, je ne le fais pas ! »

Aujourd'hui, les gens ont peur d'à peu près tout, ils pensent pouvoir échapper à l'école de la vie. Cela me rend triste parce qu'ils ne se connaissent pas et finissent quand même par souffrir. Alors qu'ils peuvent, s'ils le désirent, découvrir la force du vivant, l'amour universel et l'énergie de vie, tout en visitant leur résilience…

« Comment donner, enseigner, aimer quand on ne se connaît pas soi-même ? »

Par contre ils vont se marier ! Et offrir sur un plateau à qui veut bien leur dire « je t'aime » la chose la plus importante qu'ils ont : leur liberté. Et cela à un individu et sous serment. La future épouse, selon la loi, devra chérir son mari et lui obéir, dans l'opulence ou la pauvreté, la santé ou la maladie. Mais si on se connaît un peu, on voit que la solution ne viendra pas de l'autre. Alors, après une belle cérémonie, une robe de princesse et beaucoup de jolies choses, il y a la réalité qui arrive. On est heureux un moment, jusqu'à ce qu'il faille gérer ses émotions, ses démons et ceux de son compagnon parce que ni l'un ni l'autre n'a appris ce dont il est fait et c'est alors un champ de bataille !

« Si deux moitiés se marient cela ne fait pas "un entier", cela fera certainement deux segments fragiles qui, par friction, s'effriteront avec le temps et qui rarement se compléteront. »

Bien sûr, tous les couples ne finissent pas comme ça. Mais ceux qui risquent le plus l'étouffement conjugal sont ceux qui se sont confinés dans leur petit enclos, « protégés du monde, protégés des autres ». Alors que le seul moyen d'offrir à sa vie des horizons plus vastes est de s'ouvrir à la nature, à l'univers, et par essence aux autres.

Le *bush telegraph*[10]

Au fil du temps, le bush australien s'est avéré parsemé de gens hors du commun. Si tu arrives à survivre dans ces déserts, tu gagnes à être connu, quelle que soit la raison de ta présence sous ces latitudes extrêmes. L'Outback, comme les Australiens le nomment, est une zone semi-désertique qui comprend tout le centre de l'Australie, et où la justice telle qu'on la connaît suit d'autres lois que les nôtres. Dans le bush, j'ai rencontré des personnages fascinants. Le respect règne entre les gens qui y vivent, ainsi que l'entraide solidaire,

10. Moyen par lequel les habitants du bush australien répandent rapidement des nouvelles de personne à personne.

comme s'ils avaient tous un destin en commun. Et cette terre brûlante et sans merci est un aimant pour ceux qui recherchent une forme de liberté et une vie hors du commun. Parce que c'est bien cela qu'on y trouve. Et, étrangement, il y a ici une sorte de vibration de tous les possibles et une urgence pour à peu près tout.

La vie dans une ferme australienne est trépidante et sujette à des imprévus. Le moindre accident peut avoir de lourdes conséquences, quand l'hôpital le plus proche est à 500 kilomètres de piste. Avant 1923, le patient arrivait souvent trop tard et c'est un pasteur du nom de John Flynn qui mit en place le Royal Flying Doctor Service[11]. Depuis lors, les stations les plus éloignées ont toutes une piste d'atterrissage et en quelques heures un médecin arrive par les airs en biplace.

Et si vous considérez qu'une région aussi belle que l'Outback serait l'endroit idéal pour se relaxer un peu, eh bien détrompez-vous. Le désert rouge n'a rien qui s'apparente à un lieu de villégiature, tout y est basique et brut, les visages d'ici en témoignent, tous burinés par le soleil, et les mains sont calleuses, souvent avec quelques doigts en moins.

Puis, il y a les *country pubs*, plantés au milieu de nulle part à un croisement de piste poussiéreuse ; il faut souvent faire 200 kilomètres pour boire

---

11. Flotte royale de médecins volants.

une bière fraîche… Ces lieux sont des trésors historiques, leur décoration rappelle le temps où les *drovers*[12] déplaçaient des centaines de têtes de bétail sur des milliers de kilomètres. Les gens de l'Outback vivent entre eux et connaissent les dernières nouvelles du moment, malgré le fait que le premier voisin est à 500 kilomètres, car le *bush telegraph* véhicule les informations à la vitesse de la lumière. C'est à se demander comment c'est possible ! Ils sont si isolés du monde…

Qui dit pub dit bagarres. Elles arrivent souvent en fin de soirée. Les scènes ne sont sans doute pas loin de celles qui avaient lieu cent ans plus tôt. Les raisons ? Oh mais toutes les raisons sont bonnes ! Le voisin a un peu trop regardé votre femme, quelques têtes de bétail ont changé de territoire par inadvertance ; une conséquence inévitable, sachant que les immenses propriétés ne sont pas fermées par des clôtures. Ou simplement, une nouvelle tête vient d'arriver, qui ne semble pas du coin. Mais à vrai dire l'alcool est un pansement pour presque tous les problèmes. Ici on ne parle pas on boit, sinon tu n'es pas un homme. Et souvent quand on a bu, on se bat… Je n'ai jamais compris ces bagarres puériles, mais il semble que ça repositionne la hiérarchie du mâle dominant du coin, renforce les clans, laissant

12. Un *drover* en Australie est une personne, généralement un éleveur expérimenté, qui déplace du bétail – des moutons, des bovins et des chevaux – sur de longues distances.

les femmes réparer les pots cassés pour garder une paix apparente jusqu'à la prochaine sortie au pub, où tout le monde aura oublié l'incident du samedi précédent. Ici, si tu n'as pas encore vu de bâtiment qui tient tout juste debout à la croisée de deux pistes poussiéreuses au milieu de nulle part, et qui fait office de pub, de poste et de station-service, avec des queues de kangourou à vendre dans un congélateur à côté des glaces à la fraise, c'est que tu n'as pas encore senti le pouls de l'Australie.

Le réseau de renseignements de l'Outback fonctionne à merveille !

Durant cette expédition, c'est avec une grande joie que j'arrive dans une ville minière du nom de Mount Isa où je vais pouvoir me laver et me ravitailler. Elle est connue pour son rodéo, mais plus spécialement pour ses mines géantes à ciel ouvert qu'on exploite jour et nuit, pratiquement au milieu des habitations. Je ne m'arrêterai pas longtemps, ici règne une ambiance propre à ces lieux extrêmes, où le monde des cow-boys et celui des mineurs se croisent. Pour éviter les soucis je vais retourner dans le bush aussi vite que possible, mais avant cela je trouve une cabine téléphonique, pose ma petite pochette sur le rebord du téléphone et me prépare à appeler mon frère Joël, chef d'expédition, pour lui donner ma position et ma prochaine destination.

Je sors donc ma carte téléphonique, précieusement rangée dans mon passeport, pour appeler un numéro d'accès, puis celui du destinataire. Pas toujours facile, mais ce jour-là je réussis à joindre Joël, et nous passons trente minutes ensemble avant que mon crédit arrive à expiration. C'était avant les téléphones portables et je n'avais bien entendu pas de téléphone satellite. Je sors guillerette de cette conversation, cela m'a fait du bien d'entendre une voix familière, je reprends ma petite pochette, y glisse ma carte téléphonique et je m'enfonce dans le bush aussi rapidement que possible…

Deux semaines plus tard, je suis à plus de 500 kilomètres au nord-est de Mount Isa, à environ 400 mètres d'une piste, à l'intérieur du bush, sous un arbre. Autant dire que je suis au milieu de nulle part. Soudain je sursaute, un train routier vient de planter ses freins sur la piste avec au moins trois remorques, d'après le bruit. Suit aussitôt un klaxon transperçant l'air à des kilomètres à la ronde comme une lamentation, un genre de corne de brume. Je pense tout de suite à un animal qui aurait traversé la route et que le chauffeur, vu son chargement, n'aurait pu éviter. J'attends un moment, mais le klaxon continuant à signaler un problème, je crains le pire et décide d'aller voir. Je sors du bush et m'approche du convoi. Le sable rouge vole partout, tout est opaque, et je constate en premier lieu qu'il n'y a rien qui bloque la route. Étrange ! Je reste sur mes gardes, et m'approche, tout en gardant mes distances, de la cabine de pilotage. Le chauffeur descend sa fenêtre.

– *G'day Sarah!*

– *Hey! (Je sursaute intérieurement, un peu choquée qu'il connaisse mon nom, je n'ai jamais vu ce personnage, j'en suis certaine.)*

– Tu es difficile à trouver, dis-moi, mais j'y suis arrivé. Ouais, j'y suis arrivé, répète-t-il en se tapant la poitrine. *I'm the best! I'm the best!* J'ai un truc pour toi, attends !

Il quitte son poste de pilotage et plonge dans la cabine à l'arrière pour réapparaître avec ce qui s'apparente à un carnet rouge. Il se penche en avant depuis son perchoir, je me rapproche et, sur la pointe des pieds, je réceptionne le carnet en tendant le bras au maximum. Intriguée, je le consulte. J'en reste bouche bée, c'est mon passeport !

– Comment est-ce possible ?

– Eh bien, attends que je te raconte l'histoire !

Il se rassied dans son siège à suspension… et raconte.

– Donc pour commencer, une personne l'a trouvé dans une cabine téléphonique à Mount Isa et l'a apporté à la police. La petite fille d'un des policiers est à School of the air[13] et ils avaient parlé de toi, parce que tu t'étais arrêtée dans une ferme pour prendre de l'eau, un truc du genre, et le gamin de la ferme avait raconté ton histoire. L'officier t'a tout

13. C'est l'école que les enfants des fermes isolées suivent via la radio.

de suite identifiée, se souvenant de ce que sa gamine lui avait dit, et après plusieurs coups de fil, il a appris que tu te dirigeais vers le *Golf Country* au nord-est. Donc ils m'ont contacté, sachant que c'est la saison pour moi, et que je déplace des tonnes de bétail sur cette piste à cette période. Cela fait deux semaines que j'ouvre l'œil sans aucune chance, et aujourd'hui, j'ai vu tes traces sous le pont de la dernière rivière en y allant pour me rafraîchir, donc je n'ai pas arrêté de scanner le bush, dit-il en rigolant. Je savais que tu ne devais pas être bien loin. Je t'ai repérée en train de te reposer sous l'arbre là-bas, d'ici on voit tout, on est assez haut !

J'écoute cette histoire incroyable et le remercie mille fois. Mais il n'a plus le temps de papoter, il desserre ses freins et s'écrie, en désignant les vaches à l'arrière :

– Je dois livrer ces demoiselles, je dois filer, salut Sarah, *good luck, mate!*

Il s'éloigne en faisant sonner sa corne de brume, une dernière fois je lui fais signe, et bientôt un nuage de poussière rouge s'élève, emportant les remorques grinçantes qui semblaient ne pas vouloir repartir. Écartelées sous la traction, elles ont fini par se laisser faire et suivent le convoi qui s'étire d'abord à la vitesse du pas, mais une fois lancé, le *road train* ne s'arrêtera certainement plus avant sa destination…

Je reprends mes esprits, recouverte de poussière rouge…

Que s'est-il passé ? Je rigole en secouant la tête : Ah ! ces Australiens, ils sont incroyables ! Le *bush telegraph* marche toujours aussi bien. Et moi qui ne savais même pas que j'avais perdu mon passeport !

Merci, merci…

– 5 –

LA LEÇON DU BUSH

Ce matin-là, j'arrivais en Australie au terme d'un voyage qui m'avait paru durer une éternité. Mais n'étais-je pas à l'autre bout de la Terre ? En sortant de l'avion et en traversant le tarmac, j'ai humé l'air de cette terre pour la première fois, et à ce moment précis, j'ai senti une pièce de mon puzzle de vie se mettre en place et mon monde intérieur s'aligner sur mon destin. L'air était doux, chargé de tanin et d'eucalyptus, une odeur qui me guidera sans que j'en sois vraiment consciente au fil des années. Juste à cet instant, je venais de changer le cours de ma vie. J'allais découvrir le bush australien et marcher sur mon propre chemin fait de rêve et de passion et qui, des années plus tard, m'amènerait au rang des explorateurs de ce monde.

« Ce qui suit est arrivé exactement au moment où je me disais que j'étais devenue une experte en la matière… Mais cet événement me prouvera le contraire et bien plus encore… »

Australie de l'Ouest, une expédition de trois mois de survie

La sécheresse a absorbé tel un ogre chaque capsule d'eau que ce décor cache, mais cette fois c'est différent, elle a fini par boire la transpiration du baobab… L'eucalyptus l'a remarqué et l'a raconté aux habitués de ses hautes branches : les perroquets. Ceux-ci, à leur tour, n'ont pu s'empêcher de passer la nouvelle aux kangourous, et l'annonce de la venue imminente de la grande sécheresse voyagea comme une traînée de poudre… C'est ainsi que même sur les terres les plus reculées de l'Ouest et de l'Est, tout le monde a su qu'elle arrivait… Tout le monde, sauf moi.

Je suis à trois semaines de ma ligne d'arrivée, la saison est bel et bien sèche, très chaude et venteuse, à l'opposé de la saison des pluies qui inonde tout sur son passage ; un moment où l'opulence et les couleurs transforment complètement le paysage… et qui correspond à la sortie du grand papillon de nuit[14] qui s'active à polliniser les magnifiques fleurs blanches du baobab.

Sous mes yeux, pour l'heure, tout est très différent, chaque centimètre est brûlé par le soleil… Pourtant, j'arrive à imaginer cette nature inondée de partout, remplie de vie avec sa végétation envahissante, métamorphosée en paradis. Mais là, elle ressemble plus à un terrain après une bombe atomique, nu, brûlé, vide de vie, l'herbe mangée ne laissant que la trace des racines… Et l'eau est inexistante. Et il y a moi, assise au pied de cet arbre certainement plusieurs fois centenaire que l'on appelle ici *boab* au lieu de baobab, allez savoir pourquoi ! Je cherche à manger, j'ai tellement faim, et parce que tout est lié, s'il n'y a pas d'eau il n'y aura rien à me mettre sous la dent ou si peu. Alors je me lève et je continue. Je finis par trouver un signe de vie : des traces d'animaux presque imperceptibles sur un semblant de sentier sablonneux. Comme elles se chevauchent, je n'arrive pas à déterminer de quel animal il s'agit mais une chose est sûre, elles vont toutes dans le même sens. Ma carte topographique m'apprend que leur direction est celle de la rivière. J'avance et au bout de trente minutes, je descends dans une dépression, passe sous de grands arbres qui bordent d'habitude un cours d'eau, et me

14. Les papillons de nuit sont les outsiders des pollinisateurs, très importants dans notre chaîne de biodiversité.

retrouve face à un grand couloir de sable brun qui tapisse le fond d'un lit vide et sec, aussi loin que mes yeux peuvent voir. Et pourtant à l'ombre d'un grand *rivergum*[15], des aigrettes blanches font tout un raffut en prenant leur envol ; un signe certain de la présence de l'eau, ou du moins un reste. Je veux en avoir le cœur net et m'approche en marchant dans ce sable mou où chacun de mes pas s'enfonce pour rejoindre une flaque d'eau de deux mètres sur quatre, qui lutte encore un peu avant de mourir évaporée par le soleil. Je remplis tous mes réservoirs de ce liquide vert et gluant. En cause : la stagnation, le soleil, un cocktail parfait pour que les algues se développent. Je remonte de l'autre côté de la berge, pose mon sac à dos sous un baobab qui semble veiller sur toute la région, et je sors ma pompe céramique qui est indispensable pour filtrer cette eau et la rendre potable. Cette opération peut attendre un peu. Il fait trop chaud. Je vais m'arrêter un moment et laisser passer les heures les plus brûlantes, maintenant que j'ai de l'eau. Je m'active pour me préparer un thé… En premier, je vais faire un feu et j'utilise ma casserole en titane comme outil : je dois creuser un trou assez profond pour empêcher les braises de s'éparpiller. Je ne veux pas être responsable d'un de ces horribles feux de forêt, c'est un de mes pires cauchemars, tant d'animaux meurent quand cela arrive. Et pourtant, sous ces latitudes et à cette saison, les feux de forêt se déclenchent naturellement, et c'est même là un des moyens de régénération pour le bush.

15. Magnifique eucalyptus qui borde les rivières.

La chaleur est encore montée, mon front dégouline de sueur, mais je continue de creuser. Soudain le bord de ma casserole heurte et sectionne ce qui s'apparente à une racine. Perplexe, je palpe cette chose brune qui ne me dit rien, et finis par utiliser un de mes sens les plus efficaces : mon odorat. Je passe donc sous mon nez la partie coupée et hume une odeur douce et sucrée. À première vue, je ne connais pas cette racine. Quelques secondes s'écoulent avant que mes yeux s'écarquillent :

– Comment est-ce possible ? Cela ne peut pas être…

– Et si ma chère, c'est bel et bien ce que tu cherchais depuis le début, me répond le *boab*… *(Je l'entends rigoler de tout son être de mon ignorance.)*

– Pourquoi n'ai-je pas vu cela avant ?

– Elles étaient là pourtant, tu n'as pas regardé avec un esprit ouvert, mais fermé.

– Je croyais que tes jeunes pousses avaient des feuilles vertes…

– Qui t'a raconté ça ?

– Personne. J'avais bêtement associé dans mon esprit les jeunes pousses à des petites feuilles vertes et non pas à cette grosse tige grise moche, qui ressemble plus à un poil géant qu'autre chose…

(Il se remet à rigoler.)

– Même les kangourous les connaissent, et ils les déracinent facilement avec leurs petites pattes en les sortant du sol comme des carottes. Mais maintenant tu sais ! Bon appétit !

Quand tu crois savoir, tu deviens un expert, tu baignes alors dans ton jus d'expert et ton esprit se referme… C'est pourquoi je ne les avais pas trouvées, ces pousses, alors qu'elles étaient là sous mon nez tout ce temps, et sous chaque *boab* près duquel je m'étais assise avant celui-là !

Ces jeunes pousses de baobab m'avaient été recommandées par les Aborigènes. Je les cherchais depuis le début de mon expédition. Sans succès. Je n'en reviens pas : à la surface du sol, je repère des tiges similaires à ce que j'ai en main et en découvre des dizaines d'autres sous le périmètre de l'arbre. Je fais ma récolte de ce qui s'apparente visuellement à des carottes jaunes douces et sucrées. Choquée de ma bêtise, je m'assieds et rigole, levant une fois encore les yeux vers les hautes branches de ce *baob* plusieurs fois centenaire et je peste en souriant : « Tu m'as bien eue *old man.* » Je reste dans mes pensées. J'imagine tout ce que ce géant a pu voir dans sa vie, les gens et les animaux qui se sont reposés sous son ombre, et je me rends compte de mon insignifiance dans cet univers… Je souris : quelle magnifique leçon de vie ! Mon être est définitivement réveillé ; je ferme les yeux et m'allonge contre le tronc de l'arbre. La vie est ainsi un perpétuel recommencement. Seule notre vision de celle-ci peut évoluer au fil des leçons reçues.

Le mode d'emploi de nos esprits

Si ton esprit est fermé ou bloqué sur une chose, il ne pourra pas voir la solution. La solution demande que tu ouvres ta vision le plus largement possible. Et si tu ne l'as toujours pas trouvée, c'est que ton esprit n'est pas assez libre ni assez détoxifié de tous tes a priori, de ton éducation, de tes croyances sur la vie. Tu dois revenir au début, là où ton disque dur était vide, là où tu étais vierge de toutes tes expériences terrestres : le début de tous les possibles, là où les limites n'existaient pas !

« Repositionne-toi toujours et pose-toi inlassablement cette question : Mais qu'est-ce que je n'ai pas vu ? »

– 6 –

SURVIE

Je ne savais pas encore que je ne me lançais pas « juste » dans une expédition de survie, mais que j'allais bel et bien lutter pour rester en vie…

On dit souvent que « c'est le premier arrivé qui est servi ». Eh bien ici ce n'est pas le cas : depuis deux cents ans les Aborigènes sont traqués, tués, on leur a volé leurs terres, et même leurs enfants[16], qu'on a regroupés dans des communautés, sous le contrôle de Blancs douteux. Tout cela est bien loin de la magie de leur monde, du respect et de l'amour qu'ils portent à la Terre et à l'univers… Ils demeurent aujourd'hui, malheureusement, très mal aimés, il faut le dire. Ils ont toujours été vus comme un

16. Voir sur internet : *Stolen generation* (génération volée).

problème par les Australiens, alors qu'ils vivent sur cette terre depuis plus de 60 000 ans et ne cesseront d'être une source d'inspiration pour moi. Ce sont eux, d'ailleurs, qui me donneront en partie les clefs pour comprendre ces zones où rien ne semble beau, où le soleil tue, où les mouches provoquent des courts-circuits dans mon système nerveux, où l'eau ne se montre qu'après deux jours de chasse et où la faim est une banale habitude… J'ai appris à mes dépens, avec la douleur comme maîtresse et la terre comme guide, que les mouches, le soleil, le manque d'eau et la faim n'étaient pas le vrai problème : c'est mon regard sur le biotope de ces zones extrêmes, meurtrières et sans merci qui l'était ! Le problème, dans cette équation, c'était moi !

Avec la patience et les années, les déserts sont devenus mes endroits favoris. J'y ai appris à voir la beauté et la magie qui se cachent dans l'infiniment petit. J'ai appris à décrypter le décor qui s'offre à moi et à comprendre sa propre histoire.

Braver la peur…

Une heure et demie après avoir quitté la base, l'hélicoptère prépare son vol d'approche pour se poser sur un promontoire rocheux. On va arriver au point de départ de l'expédition sur la côte nord du Kimberley, au bord de la mer de Timor. Pour ma part, je tourne le dos à la mer et fais face au bush qui m'attend. C'est la terre qui m'intéresse, plus précisément la rive gauche de la rivière Beckley qui se jette dans la mer. Depuis les airs, cette rivière ressemble à un énorme serpent bleu qui ondule au milieu d'une plaine sèche, couleur sable. Mais au sol tout sera différent : les *Pandanus spiralis* sont bien là, la vie s'est infiltrée partout le long de la rivière. Est-ce parce que nous sommes près de l'océan qu'elle est si large ? me demandé-je.

Assise à l'arrière de l'hélicoptère avec son casque de communication sur les oreilles, mon assistante est sans voix. Mon regard ne quitte pas ce qui se passe à l'extérieur. Le nez collé à la fenêtre, je réfléchis, j'espère que la rive gauche est la bonne, parce que je réalise que vu la largeur de la rivière, je ne vais pas pouvoir la retraverser alors qu'elle est infestée de crocodiles ; je ne peux pas me tromper… « Tu as étudié tout cela méticuleusement », répond ma petite voix intérieure.

On est immobilisé jusqu'à ce que les pales de l'hélicoptère soient complètement à l'arrêt. Ce détail fait partie du briefing sécurité qui nous a été donné au préalable. À l'intérieur, je suis comme une panthère prête à bondir. Le pilote est occupé à pianoter sur son tableau de bord pour désactiver son oiseau de fer, mon assistante ne dit pas un mot. L'air est à couper au couteau ! Mais que dire dans des moments comme celui-là ? Le silence parle de lui-même. Un condensé de peur pour Jennie qui découvre ces paysages pour la première fois.

– Elle est où l'eau ? Tu m'as dit qu'il y avait de l'eau partout !

Des yeux non entraînés à ce genre de décor y voient une zone hostile stérile, et pourtant le problème ici n'est définitivement pas l'eau : il y en a assez. Le pilote a pris l'initiative de faire un survol en basse altitude sur un plan d'eau, pour nous faire découvrir un énorme crocodile immobile flottant à la surface. Je pense que le survol de ce mini-billabong[17] a déclenché l'anxiété qui est palpable dans le cockpit… Les portes s'ouvrent enfin, je pose le pied et aspire une longue et tant attendue bouffée d'air du coin. Je hurle : « J'y suis ! Ouh ouh ! »

Le pilote a mentionné la probabilité d'une dépose rapide due aux prévisions météo qui annoncent un vent violent. Celui-ci commence à forcir et le pilote fait un appel satellite. Il raccroche rapidement, nerveux, il doit décoller, il ne faut pas traîner… Je mets mon sac sur mon dos et m'éloigne sous le regard de Jennie qui ne sait que penser de tout cela : tout va trop vite pour elle et pourtant pas assez à mon goût, moi qui ai horreur des au revoir. Elle remonte dans l'hélico après des mots marmonnés que le vent a emportés, l'émotion est grande. Elle a l'impression de m'abandonner… et essuie ses larmes avec pudeur en me tournant le dos. De loin, je lui souris et la rassure aves des grands gestes d'adieu, les pales

---

17. Bras d'une rivière formant une mare stagnante, faite par l'eau s'écoulant du cours d'eau principal lors d'une inondation.

commencent à tourner. Il ne faudra que quelques minutes pour que le bruit de l'engin s'estompe dans le ciel, puis brutalement plus rien : je me retrouve seule avec le silence.

Après moins d'une heure de marche, je pose mon premier camp sur un bloc rocheux extrêmement plat qui me fait de l'œil. Le poids sur ma poitrine s'est envolé, je suis complètement euphorique, libre ! J'y suis enfin.

C'est bien assez d'émotions pour la journée. J'escalade le bloc qui est à une distance de sécurité du sol suffisante et respire. Je reste quelques instants en tailleur, immobile, le visage offert à la caresse du soleil couchant.

J'essaie de ne pas laisser le syndrome de la débutante m'envahir, mais cet environnement m'est complètement étranger malgré mes recherches et mes années d'expérience : je suis dans l'inconnu pur, je n'ai fait aucun repérage à cause de la difficulté d'accès, il n'y a pas de piste, le seul accès est par les airs… J'ai en tête les mots de la fameuse *medicinal woman*[18] aborigène qui soudain décide de m'accompagner : « Ce n'est pas la bonne année, reviens l'année prochaine. » Je la vois : son visage est d'un noir mat avec les

18. C'était une femme médecin aborigène, cheffe de son clan et figure très respectée des Aborigènes du nord-ouest de l'Australie. Comme elle n'est plus physiquement présente sur cette terre, je respecte la tradition aborigène qui est de ne plus jamais prononcer son nom.

traits caractéristiques des « *full-blood* », comme on les appelle ici, le nez écrasé avec des petits yeux brillants, une touffe de cheveux noirs luisants, plats avec une petite ondulation naturelle. Son corps m'a paru être douloureux et encombrant comme un manteau lourd à porter. Mais ses yeux, eux, n'ont pas d'âge, aussi vifs que mystérieux, lançant des flammes et de l'amour en même temps, j'en ris encore. J'ai passé un peu de temps avec elle dans le bush avant de partir, et je me creuse la tête pour me rappeler ce qu'elle m'a enseigné. Je n'arrive pas à mettre le doigt dessus. Ce qu'elle m'a transmis se trouvait dans les silences qu'elle laissait traîner intentionnellement, dans ses regards que je sentais sur moi quand je ne la regardais pas. Mais ce qui m'a le plus marquée, c'était sa voix basse et rauque qui paraissait parler plus à mon âme qu'à moi-même, avec cette manie qu'elle avait de laisser une longue respiration à la fin de chaque phrase comme si celle-ci avait une traîne. Ne vous y trompez pas, on s'est bien amusées. Elle m'a testée, sentie, m'a donné de fausses informations, de vraies informations aussi, mais souvent incomplètes… Je rigole intérieurement en pensant à elle, et même en écrivant ces mots. Elle est là, avec moi.

Après bien des annulations, un jour elle m'a donné rendez-vous sous un arbre à Kununurra. Cette petite agglomération est séparée en deux par une frontière invisible, et là-bas en face d'IGA (un supermarché) sous les grands eucalyptus, c'est la partie où le Blanc ne rôde pas trop et où les Aborigènes se retrouvent. Ils ont toujours un point de rencontre où il y a un va-et-vient pas possible, avant c'était souvent à un point d'eau. J'ai attendu des heures, mais personne en vue, et j'étais prête à partir quand elle est arrivée dans un grand 4 × 4WD conduit par un de ses neveux. On a roulé au pas, fenêtre ouverte comme les Aborigènes conduisent, pendant que les Blancs, eux, ont les fenêtres fermées et l'air conditionné à fond... Nous sommes arrivés dans le bush, sur la terre de sa grand-maman, et on a marché un peu ; son corps lui faisait mal alors on s'est arrêtées près d'un ruisseau asséché derrière un pandanus, elle m'a regardée sans jamais croiser mon regard comme cela est de coutume. (Ne jamais regarder un Aborigène dans les yeux, c'est lui manquer de respect.) Elle n'est plus avec nous aujourd'hui, mais elle est encore là avec moi, et souvent mon esprit se souvient de ces moments privilégiés, comme si un nouvel indice allait en ressortir. « Une chose est certaine, m'avait-elle dit, tu dois prendre de la nourriture avec toi ! Cette année il n'y aura pas de racines à ta disposition, pas de patates du bush, et plein d'autre *bush tucker* ne sera pas disponible à cause de la grande sécheresse[19]. » Je suis donc partie avec 150 grammes de farine par

19. Nous sommes alors en 2015, l'année de la plus grande sécheresse depuis cent ans.

jour, soit l'équivalent d'une galette de pain grande comme ma main.

Assise en tailleur sur le bloc rocheux qui va me servir de camp – mon premier –, les yeux fermés et câlinée par le soleil, j'entends alors sa voix grave mêlée de douceur et de bienveillance. Je ne sais pas si elle m'a prise pour une insensée, mais une chose est sûre, elle est là avec moi.

J'ai eu assez d'émotions pour la journée, mes yeux se ferment et le sommeil arrive presque simultanément. Quelques heures plus tard, je suis tirée de mes songes par un énorme « splash », rapide, accompagné d'un bruit sourd sans appel. J'arrive sans problème à en identifier la provenance, qui apparemment se trouve à trois cents mètres environ de ma position, dans une retenue d'eau créée par les dernières pluies de la fin de la saison précédente. « Pas assez grande », m'étais-je dit… et pourtant un crocodile vient d'y manger !

J'écoute, plus aucun son ne percera la nuit, pas un bruissement, rien, et quand le bush ne respire pas de son ronron habituel, c'est que la mort rôde, tout simplement ! Je ne referme plus les yeux de la nuit, je la regarde en face sans bouger, assise dans ma tente. Je sais exactement ce qu'est, à ce moment précis, la réalité de ma situation et du danger. Et la peur entre en moi !

Je n'ai pas une minute de plus pour m'acclimater, je respire l'air comme un animal, mes oreilles scannent chaque bruissement pour l'identifier, elles sont mes yeux dans cette nuit noire, l'expédition a commencé !

Des jours plus tard, au petit matin, les sons qui proviennent du « sauvage » offrent un tapis musical à mes scénarios discutables, et mon imagination ne me laisse aucun répit pendant que mes jambes semblent accélérer pour sortir d'ici au plus vite. Je me rends compte que je baigne dans un monde où je suis la seule « créatrice » de la minute qui s'écoule, celle qui suivra et toutes les autres. Et pourtant l'univers va se charger de revoir mon texte, j'en suis certaine. Je dois être excellente, irréprochable dans mes choix, ingénieuse, savante. Mais surtout je dois sortir d'ici vivante. Comment accomplir tout cela du premier coup ?

J'ai compris que les crocodiles ne me laisseront pas une autre chance. J'ai déjà joué ma carte joker en traversant une rivière du Queensland infestée de crocodiles il y a plus de vingt ans. J'en suis sortie sans une égratignure, malgré les monstres. Chance ou destin ? Je m'arrête et m'efforce de mettre sur pause mon dialogue intérieur ; la respiration lourde et saccadée, j'atteins le haut de la falaise par l'arrière, et je reste bouche bée devant le spectacle qui s'offre à moi. En contrebas, la rivière d'un bleu nuit s'écoule avec lenteur entre les reins des hautes falaises rouges qui forment des forteresses, tandis que d'autres flots arrivent du plateau supérieur et tombent en cascades géantes sur des paliers différents. La végétation est luxuriante, composée d'arbres et de palmes vertes en tout genre qui s'élèvent comme des acrobates sur les différents niveaux. Un groupe de perroquets blancs s'élance de la cime des majestueux eucalyptus pour voler à travers le plan d'eau en poussant les cris stridents qui les distinguent. C'est d'une telle beauté que cela me paraît presque irréel : cela ressemble à une peinture. Je me demande qui a déjà vu cela, qui était là avant moi, et la réponse est évidente : les Aborigènes. Et pourtant à ce moment-là, je ne sais pas encore qu'en trois mois, je n'en verrai aucun. C'est bien leur terre, mais mon tracé est si éloigné de tout que cette terre-ci a retrouvé sa quiétude. Faut-il vraiment qu'il n'y ait aucun humain pour qu'elle puisse enfin respirer ? Ce que j'ai sous les yeux répond à ma question et me fait oublier l'urgence qui grandit en moi l'espace d'un instant. Depuis le début, j'ai une peur au ventre qui mange chaque centimètre de mon bon sens. Je n'arrive pas à m'en débarrasser, et l'attaque d'un de ces sauriens à râtelier sur mon seau pliable il y a quelques jours ne m'aide pas dans mes efforts pour retrouver ma sérénité intérieure. Je les vois partout, parce qu'ils peuvent potentiellement être partout, marcher jusqu'à cinq kilomètres à l'intérieur des terres, faire une accélération à quarante kilomètres/heure sur une courte distance et attendre patiemment leur proie sans bouger pendant des heures voire des jours. Même récolter mon eau quotidienne devient une opération qui peut s'avérer fatale. Et cela ne s'arrête pas là, puisque je dois pêcher pour me nourrir… Mon esprit va à l'essentiel, et sa stratégie est de trouver comment m'endormir et marcher sans croiser la mort trop souvent. Je suis à moi toute seule une carte de restaurant complète pour ces reptiles géants à la denture parfaite.

William Shakespeare a contribué à la légende des « larmes de crocodile », qui stipulait que des gémissements attiraient les futures victimes, séduites ou interpellées par ces bruits étranges : elles se rapprochaient, et hop, l'affaire était dans le sac ! Une chose est certaine, des siècles plus tard, le dieu des voyageurs, Hermès, transformera malheureusement les reptiles en sacs à main, mais ceci est une autre histoire… Dieu merci, je n'ai jamais été la propriétaire d'un sac en croco ! Espérons que les crocodiles ont un genre de scanner hypersensible qui leur permet de percer ce détail à jour ! Ils doivent savoir, non ?

Un jour, d'ailleurs, j'ai rencontré parmi les crocodiles un visiteur pas comme les autres… Arrivée à un endroit propice pour mon campement, je monte ma tente et prépare le feu : le poisson du jour rentre tout juste dans ma casserole remplie d'eau. Le feu méticuleusement construit pour durer chauffe, comme il se doit, quand soudain je sens une présence en contrebas, à cinq mètres environ, au niveau de l'eau. Un crocodile est là, posé sur sa queue en position verticale et il attend patiemment, en me regardant. Je n'en crois pas mes yeux, je n'ai jamais vu un crocodile dans cette position. On dirait un chien qui attend qu'on lui lance sa balle ou un mec au bar un samedi soir. C'est un crocodile d'eau douce, presque inoffensif et bien plus petit que les grands *salties*[20] qu'on dit mangeurs de bœuf, kangourou, cheval et, occasionnellement, d'homme. Je décide de lui donner les abats de mon poisson. Il me remercie et s'en va. Depuis ce jour, j'appelle ses semblables mes p'tits choux et ne manque pas de partager ma nourriture avec eux…

Les kilomètres défilent dans un environnement accidenté difficile, des canyons couleur ocre obstrués de murs végétaux bloquent mon passage : je dois les traverser avec toute la patience du monde ; les marais sont infestés des fameux *salty crocodiles*. Un jour je comprends que je dois arrêter de m'exténuer et de croire que j'en sortirai plus rapidement en utilisant toutes mes forces. Je dois arrêter d'écouter cette peur au fond de moi, qui me

20. Le *saltwater* ou *salty* est le plus grand et le plus agressif des crocodiles australiens.

fait progresser plus vite chaque jour en oubliant presque de manger ; je ne pourrai pas vivre cela pendant trois mois… Je dois alors faire face à ma peur, faire la paix avec elle, lui parler comme à un enfant et l'accepter. Au moment précis où je le fais, elle disparaît et la sérénité du bush comme je la connais la remplace enfin…

« Vaincre sa peur, ce n'est pas la dépasser, mais l'accepter, lui parler comme à un enfant, la reconnaître et surtout ne pas l'ignorer. Alors seulement, elle se transformera en fondation solide. »

Je peux enfin me concentrer sur ce que je suis venue faire ici… Mais que suis-je venue vraiment faire dans cet endroit isolé de tout, aux dangers multiples et variés ? Relever cet ultime challenge, avec cet espoir qui est en moi de croire à l'adaptabilité extrême de l'humain. Un jour peut-être je pourrai dire : Vous voyez on peut tout faire… ou pas, qui sait ? La destination importe si peu. L'important est de participer à la recherche de qui nous sommes, nous les humains, et de notre mission sur cette planète. La mienne est très claire, je l'ai déjà évoquée…

« Je suis cet humble petit pont entre les humains et la Nature. »

Par moments, je suis dans la nature, et par moments, je traverse et je me retrouve chez les humains. Parce qu'il est impératif pour moi de sensibiliser les gens, de recréer le lien avec Dame Nature et de la comprendre « de l'intérieur ». C'est la seule façon pour que nous comprenions que nous sommes la nature. C'est ma mission de vie depuis plus de vingt-cinq ans.

– 7 –

LA CHASSE À L'OR BLEU

« Fais le vide dans ton esprit, sois sans forme, sans contour, comme l'eau. L'eau que vous versez dans une tasse devient la tasse. Vous la versez dans une bouteille, elle devient la bouteille. Dans une théière, elle devient la théière. L'eau peut couler lentement. Mais elle peut aussi être impétueuse. Sois l'eau mon ami… »

Bruce Lee

Australie, Kimberley – Expédition, 3 mois de survie

Cela fait des heures que je cherche de l'eau. Hier, je n'en ai pas trouvé. Cette durée de plus de vingt-quatre heures sans eau déclenche en moi un « état d'urgence », et une transformation s'opère : inconsciemment, je me connecte à la nature, un genre de raccourci qui me donne accès à mon animalité…

Je hume l'air comme une bête, mes narines sont dilatées ; s'il y a de l'eau à quelques kilomètres à la ronde, je vais réussir à la géolocaliser.

À proximité d'un plan d'eau, l'air est subtilement différent : il contient moins de tanin, il est plus léger, plus tranchant, moins lourd. Seul celui qui a soif arrive à faire la différence. J'ai passé la matinée à inspecter méticuleusement chaque recoin d'une jonction de deux cours asséchés où quelques baobabs géants ont décidé de s'établir, mais sans succès. Aucune empreinte n'est visible à cause du sol sablonneux. Les animaux ont-ils déserté cet endroit pour mieux y revenir à la saison des pluies ? Mon système auditif est en alerte, j'ai l'impression d'avoir des oreilles de berger allemand, qui scannent les moindres bruits, mouvements rotatifs compris. Mais jusqu'ici aucune présence, pas un oiseau ne se trouve sur ces énormes *river gum* qui font partie des 934 sortes d'eucalyptus que l'on rencontre en Australie. Ceux-ci bordent les rives de cours d'eau vidés de leur flot par ce soleil brûlant qui en a sucé les dernières gouttes tel un vampire assoiffé, laissant leurs lits aussi secs qu'un désert. Les oiseaux sont naturellement les derniers à partir. En cas de tarissement du point d'eau, les kangourous s'en vont en premier, suivis des autres petits mammifères en tout genre, mais si les oiseaux ont déserté cet endroit, cela veut dire que cela fait longtemps qu'il n'y a plus d'eau ici, et qu'ils ont dû voler bien plus loin à la recherche de l'or bleu. Immobile, je scrute ce paysage, assise à l'ombre d'un vieil eucalyptus à la peau blanche poudreuse et je m'interroge :

– Est-ce que ce bush délavé m'a tout dit ?

Dans les hauteurs, aucun froissement de feuillage ne me parvient. J'étudie plus en détail le panorama, mais tout est brûlé par le soleil. Je décide malgré toutes les apparences de remonter le lit d'un affluent, à sec lui aussi, mais qui se jette ici même, au point de confluence.

Je dois changer d'environnement. La mort a grignoté ce décor une bouchée à la fois. Je me fraye un passage dans les hautes herbes asséchées qui me frôlent les aisselles. Elles sont si sèches que mon avancée provoque une mélodie aiguë, composée de cliquetis. La progression est lente, je cherche le détail qui va m'indiquer une probabilité, un espoir de trouver de l'eau, mais rien, le lit de cet affluent est recouvert d'étranges plaques de roche noir mat, usée par le temps. Des ondulations ont marqué la pierre par endroits, on y devine le passage de l'eau, c'est beau. Autour de moi, c'est la désolation, le soleil brûle désormais bien plus fort à 14 heures qu'à midi, allez savoir pourquoi. Je suis emmitouflée de partout, et mes mains mises à part, aucune partie de ma peau n'est exposée. Plus il fait chaud, plus je me couvre ; j'aurais peut-être dû attendre la nuit tombée, pensé-je. Le fond de ma gorge me brûle, je dois continuer, les heures passent trop vite. Depuis ce matin, je retourne ma langue dans ma bouche pour accélérer la production de salive, et je ne respire plus que par le nez pour éviter toute perte d'humidité.

Le décor change subtilement, les heures passent et mon rythme s'accélère naturellement : il y a urgence. Je suis accrochée à l'instant présent comme à ma ligne de vie, le seul moyen pour moi de ne rien manquer dans ce paysage que je ne cesse de scanner tout en avançant. L'adrénaline a désormais envahi mon corps, le bruit de ma gourde vide qui tape sur ma cuisse à chacun de mes pas n'aide pas.

Soudain, les arbres sont d'une autre espèce, et j'ai également pris de l'altitude, ce qui est loin d'être un détail. Mon attention est attirée par des herbes que je reconnais, poussant sous un arbre particulier… Cet arbre-là est l'arbre à un seul oiseau ! Oui, l'idée est presque romantique, une seule sorte d'oiseaux est la bienvenue sur ces arbres-là. Le bush australien est comme cela, si mystérieux… Si tu connais les oiseaux et les autres animaux, les plantes, les arbres, les minéraux et l'eau, tu arrives à découvrir les indices nécessaires qui t'amèneront au liquide qui donne la vie, l'eau. Quand on dit qu'on va chasser, on ne pense jamais à la chasse à l'eau, et pourtant cette chasse-là fait partie de mes péripéties les plus épiques. C'est comme une chasse au trésor. Toutes les techniques utilisées pour trouver l'eau ne peuvent s'apprendre dans un livre ou un manuel, c'est uniquement le fruit de la pratique. Il m'aura fallu vingt ans d'expérience pour les affiner et finalement les maîtriser. J'ai souvent eu l'impression que l'univers me tenait la main dans ces moments-là, où souvent la limite entre la vie et la mort devenait de plus en plus fine.

« Celui qui connaît les différents goûts de l'eau a déjà au moins une fois mis sa vie entre les mains de l'univers. »

Soudain, un son sublime me parvient. Je lève la tête et identifie un magnifique *diamant finch*. Les *diamants finchs* sont de petites créatures volantes, grises, blanches, noires avec un bec orange et un masque bigarré qui rappelle une parure de bal. Ils sont bien là, je souris, c'est le signe que j'attendais depuis des jours, ces oiseaux pas plus grands qu'une mésange et qui ne parcourent pas plus de cinq kilomètres pour trouver leur eau.

« Elle est là quelque part, me dis-je, à cinq petits kilomètres à la ronde. À moi de jouer maintenant, il suffit de la trouver… »

Rassurée, je continue d'évoluer le long de la rivière asséchée. « Il ne me manque plus qu'à être à la hauteur », marmonné-je en accélérant le pas, l'indice le plus probant venant de se révéler à moi.

Un challenge comme celui-là m'aurait stressée un maximum au début de mes péripéties d'exploratrice. Mais là, j'ai tous les atouts en main. C'est comme déchiffrer une carte avec un trésor caché, c'est excitant, même si potentiellement ce challenge peut me coûter la vie. N'avons-nous pas là une situation qui explique la petite phrase que tant de gens utilisent à tort et à travers sans en connaître vraiment la signification : « sortir de sa zone de confort » ? La montée d'adrénaline qui accompagne ce challenge est aussi grande si ce n'est plus que de sauter d'un avion avec un parachute, sauf que moi je n'ai pas de parachute. Mais alors pourquoi suis-je si confiante ? Je sais au plus profond de mon être que je trouverai de l'eau, tous les pores asséchés de mon corps me guident à leur manière, mon esprit sait, la nature sait, et moi je sais à 100 %.

Avez-vous déjà parié votre vie sur une technique qui est basée sur une croyance ancestrale, qui dit que si vous savez que vous allez trouver de l'eau à 100 % vous la trouverez ?

Eh bien voyez-vous, moi je peux vous répondre OUI. Mais le secret est d'y croire à 100 % et pas à 99 %… Mon être tout entier sent l'eau, respire l'eau, voit l'eau. Le grand secret est de ne pas laisser entrer un micro-pourcentage de doute, voilà la difficulté… C'est aussi simple que cela !

« Des muscles de sportif c'est bien,
mais un esprit entraîné,
c'est la survie assurée. »

Pour l'heure, les arbres qui se présentent à moi sont plus denses, mais la mauvaise nouvelle est qu'un feu de forêt est passé par là, comme c'est le cas souvent en Australie. Savez-vous qu'une bonne partie des arbres natifs de ce continent sont adaptés pour survivre au feu ? Qu'un fruit à coque dure, type noix, s'ouvre seulement dans la fournaise et se reproduit ainsi ? La nature est pure magie, mais là, ce feu de forêt a effacé tous les indices à ma disposition. Peu importe, je continue à avancer dans cette zone où tout est couleur charbon, et mon pantalon devient noir très rapidement.

Soudain, je m'arrête net ! Le sol résonne davantage quand il n'y a pas de branchages pour étouffer les bruits. Mes yeux ne voient rien, mais je sens : le sol m'a transmis la vibration du passage d'un kangourou, et à cette heure-ci en fin de journée, il n'y a qu'une raison pour qu'il se déplace : l'eau. Ces marsupiaux boivent deux fois par jour, le matin avant de rentrer de leur sortie nocturne et le soir avant de commencer leur journée… Je progresse en direction de ce qui paraît être le sommet de la crête. Étrange, me dis-je, au sommet il y a rarement de l'eau, et après une réflexion silencieuse, je me rends compte qu'il peut y avoir une autre explication. Au même moment, voilà que je tombe presque dans un trou ou plutôt une dépression dans le sol qui est remplie d'eau, effrayant au passage deux kangourous qui buvaient tranquillement... Je savoure cette victoire, pose mes affaires par terre et m'approche de cette gouille pas très profonde mais qui est apparemment le dernier recours des animaux du coin. Les oiseaux font des va-et-vient sur le plan d'eau et s'habituent rapidement à ma présence, continuant leur danse à leur convenance. Mais je ne resterai pas longtemps, puisque tout le monde ici dépend de ce point d'eau ! J'en extrais juste ce dont j'ai besoin, sans gaspiller une seule goutte, et m'éloigne pour installer mon camp.

« Boire la même eau que les autres espèces et se rendre compte que nos besoins sont similaires est un pacte avec le vivant. »

La pression est tombée, je respire normalement, la nuit tombe gentiment, et je peux enfin me glisser dans ma tente. Je retire lentement mes couches d'habits saturés de sel et de transpiration et m'allonge presque nue. Je sens la fraîcheur de la nuit parcourir ma peau, je regarde la nuit en face, les yeux grands ouverts pendant que la douce mélodie de la pénombre a déjà commencé, je me laisse bercer, et je respire une dernière fois profondément avant de m'endormir.

Je suis en vie.

Merci, merci !

« Le simple fait de manquer de la seule substance qui décide de la vie ou de la mort donne une tout autre perspective à la vie. »

– 8 –

TASMANIE

Tasmanie, expédition de 3 mois à la recherche du tigre de Tasmanie, février 2018

Je vais quitter le faisable pour l'inconnu, la région des lacs pour la boue et le vert impénétrable, la sagesse du sentier qui a vu mille pas pour le bush qui n'attend aucun visiteur. Est-ce que mon amour pour le « sauvage » est assez grand pour épargner ma vie ? Je suis très consciente que ma vie n'a que trois lettres et comme tant d'autres explorateurs avant moi je vais devoir lutter pour qu'elle reste en moi encore un peu…

Vais-je être à la hauteur de ma curiosité et de ma discipline ? L'interconnexion entre les espèces est ma spécialité, pourtant, ce matin, j'ai le pressentiment que mes pas savent quelque chose qu'ils taisent. Il y a des vérités qui ne s'expliquent pas avec les mots et qui restent secrètement cachées entre l'âme et le cœur… Et ce qui va m'arriver dans cet enfer vert ne peut sortir que d'une seule bouche, la mienne, alors installe-toi, prépare-toi un bon thé… Car comme a dit mon petit frère Joël après que je lui ai raconté cette histoire : « Cela ne peut arriver qu'à toi ! »

Je suis assise dans un grand fauteuil. La lumière est artificielle et provient des assemblages très efficaces de néons du plafond ; des tuyaux et tubes en tout genre pendent de partout, la plupart sortant d'une machine apparemment là pour monitorer les fonctions vitales de la personne assise dans ce fauteuil… J'attends patiemment. Mon bras gauche est plié et soigneusement collé à mon corps, maintenu dans cette position par un tee-shirt coupé pour l'occasion. Mon pantalon est recouvert de boue séchée, mes grosses chaussures de marche encore au pied ne touchent pas le sol et tirent sur mes jambes, je scanne ce qui m'entoure, comme je le ferais dans la nature, et croise mon reflet dans une vitre. Je suis livide, j'ai l'air usé, épuisé, et pourtant à l'intérieur de moi je suis loin de ça, je lutte encore, je n'ai pas lâché prise. Le médecin en charge des urgences ce jour-là approche, me dévisage avec un sourire silencieux et avant d'articuler un « bonjour », attrape mon dossier suspendu au numéro de la place où je me trouve. J'entends alors :

– Vous êtes exploratrice ? Ne sommes-nous pas tous des explorateurs ?

– Hum.

Je l'observe et souris silencieusement : il est petit, d'une corpulence rassurante.

– Comment avez-vous fait ceci ? dit-il en pointant mon arrangement maison.

– Une chute dans une gorge loin de tout, un hélicoptère trois jours plus tard… Je continue ?

– Ok, alors on va directement en radio ! ordonne-t-il en faisant signe à une infirmière qui s'approche rapidement avec une chaise roulante.

– Mais certainement épaule démise, ajouté-je en m'asseyant avec précaution.

– Ok ! j'en ai remis une en place la semaine dernière, cela devrait bien se passer, je ne pense pas qu'elle est cassée, vous ne supporteriez pas la douleur.

Je fais yep en secouant la tête, mais même ce petit mouvement intensifie la douleur tellement installée que je ne sais plus vraiment d'où elle provient.

En revanche, je me souviens très bien de ce qui l'a causée…

Ce jour-là, je laisse derrière moi le sentier étroit qui contourne le lac du parc national et qui m'a servi de lieu de ravitaillement. Gris métallisé et traversé de longues langues bleu foncé, ce lac a, à sa manière, quelque chose de rassurant. Je sors ma carte pour vérifier ce que j'ai déjà vérifié tant de fois : ma direction. Je lève la tête et respire longuement, comme un voyageur qui s'apprête à embarquer dans une aventure sans billet de retour, puis, les yeux rivés au sol, je sors du sentier et m'engage dans ce qui va s'avérer l'expérience d'une vie…

Je vais évoluer toute la journée dans un décor qui n'a pas de sens : tout semble à l'envers. Je grimpe en bataillant avec la végétation parce que, ici, il n'y a pas de sentier. Les Tasmaniens ont un mot pour cela : le *bushbashing* ou l'action de se frayer un chemin à travers le bush. Je me lance dans cette végétation très dense, « le sauvage » comme je l'appelle est bien là, avec du vert, du rugueux, une végétation qui semble pouvoir tout endurer, mais rien de tout cela n'allait me préparer à ce qui m'attendait.

Ce soir-là, j'arrive sur un replat au pied d'un cirque rocheux après avoir progressé en montée toute la journée. Ma première intuition est de rester silencieuse, pour ne pas déranger. Mais qui pourrais-je bien déranger ? Je suis seule et je ne croiserai absolument personne. Il y a comme une force ancestrale qui se dégage de ce lieu. Un mini-lac de montagne s'y est formé, qui subit la brise de fin de journée : le clapot est nerveux, son ronron tourne rapidement et n'en est bientôt plus un, il tape désormais avec insistance sur la berge, comme s'il voulait venir s'y réchauffer. Le soleil caresse la surface de l'eau, des éclats éblouissants en émanent. Cette retenue d'eau est comme une larme géante qui aurait glissé le long de la paroi rocheuse du cirque en demi-lune, formant une flaque bleu foncé dans son écrin. C'est là que je pose mon camp pour la nuit. Je me recroqueville dans ma tente avec l'objectif de récupérer et de laisser ma chair se reposer. Les yeux fermés, je visionne ma journée sur mon écran mental. Cette discipline quotidienne est indispensable, elle me permet de vérifier qu'aucune information importante ne m'a échappé. J'en profite pour ajouter une note mentale à mon journal de bord et j'y place le célèbre serpent-tigre[21]. J'ai croisé en montant un de ces serpents dans une position inhabituelle : il était enroulé sur lui-même au sommet d'un buisson pour profiter un maximum des rayons du soleil qu'il absorbait tel un panneau photovoltaïque. Les apparitions de l'astre solaire sont exceptionnelles sous ces latitudes. La plupart du temps, il pleut et, pis encore, les orages violents y sont fréquents. Mais c'est la première fois que je vois le très venimeux serpent-tigre adopter un comportement comme celui-ci, s'exposant sur le sommet d'un buisson. J'en ai croisé plus d'une centaine dans ma vie (dans le sud-ouest de l'Australie ils sont nombreux), ils ne

21. De la famille des élapidés.

sont pas agressifs. Si l'on ne veut pas avoir affaire à un serpent, il faut connaître le bulletin météo, c'est aussi simple que cela. C'est un animal à sang froid, il doit donc impérativement se réchauffer pour faire le plein d'énergie. Si le temps est couvert ou s'il fait froid, il sera donc léthargique et en déperdition de chaleur. Marcher sur un serpent sans le voir paraît stupide. Par beau temps, il va vous entendre venir et détaler souvent avant que vous l'ayez vu, mais il suffit de quelques fourrés et de nuages dans le ciel pour qu'il soit en manque d'énergie et là, il va mordre par réflexe défensif parce qu'il n'aura pas la force de s'enfuir, tout simplement.

Le lendemain arrive avec assurance, je lutte dans une pente très raide contre une végétation dense composée d'arbres à thé. En fin de journée j'arrive enfin au sommet de la crête entre les deux tours sentinelles qui semblent protéger le haut du passage où je me trouve et où je vais m'installer pour la nuit. C'est d'une beauté ! J'ai une vue de tout le cirque et le petit lac en contrebas. Les eucalyptus ont de la place pour étendre leurs branchages en forme de parasol. À peine ai-je fini de monter ma tente que l'orage gronde gentiment au début puis s'installe. Ses colères ressemblent à des coups de fouet métallique qui claquent. Le vent forcit, les éclairs terrorisent ces deux formations rocheuses similaires que j'appelle ici les « tours jumelles ». Je me laisse glisser dans mon sac de couchage lorsque je comprends qu'elles attirent les éclairs sur elles. Je suis donc en sécurité pour ce soir. Je ferme les yeux, mais une oreille en alerte écoute la tempête qui continue de faire rage en secouant ma tente dans tous les sens, créant une mélodie qui dit : "*Shake it, shake it , shake it off!*"

L'air du matin est frais, libre de toute tension. Je respire sur le pas de ma tente... Une fois prête, je descends de l'autre côté de la montagne, m'enfonçant pas à pas dans cette pente qui me donnera accès à une vallée inconnue dont la seule porte de sortie est... la rivière. Les rives sont couvertes d'une végétation trop dense, et c'est en packraft[22], la rivière comme guide, que je sortirai d'ici. Pour l'instant, j'avance avec précaution, je découvre un monde étrange, si différent ; j'ai l'impression d'entrer dans une cathédrale végétale. Mais ce qui m'inquiète, c'est cette sensation oppressante qui m'habite. Après quelques mètres seulement le ciel n'est plus visible, je suis comme avalée par ce végétal. La végétation est désormais totalement biscornue. Y règnent une sorte de palmiers datant de la préhistoire, ils sont plantés là comme des coprins chevelus[23], s'élevant à plus de deux mètres cinquante du sol ! Par terre, aucune brindille ne traîne, comme si un bon coup

22. Embarcation gonflable ultralégère.
23. Type de champignons qui s'apparentent aux chapeaux de la garde royale anglaise.

de balai avait été donné, mais une petite mousse courte et verte recouvre le sol et témoigne du taux d'humidité de cette région. Je n'en crois pas mes yeux, tous mes sens sont en alerte, j'ai l'impression que des animaux préhistoriques vont surgir, le silence est inquiétant. J'entends mes propres pas, mais aucun son d'oiseau ou autre ronron habituel du bush. Et maintenant une brume matinale monte et s'accroche sur le sommet de ces arbres étranges. Une seule phrase passe en boucle dans ma tête : « C'est quoi cet endroit ? » Je m'arrête un moment en totale admiration et écoute de tous mes sens. Je suis fascinée, et en même temps j'ai soudain l'impression que cette forêt respire. Je me sens comme oppressée et une pensée étrange me traverse l'esprit : et si cette forêt était nécrophage ?

Mes pas suivants cherchent une sortie, mais au lieu de cela, la lumière du matin diminue, je m'enfonce dans ce que je vais appeler l'enfer vert !

J'attends patiemment le développement de mes radiographies quand le médecin arrive avec un grand sourire et me demande de le rejoindre à son poste de logistique, là où trône un grand écran d'ordinateur. En quelques clics, il obtient les images et les observe avec attention. Puis il se tourne vers moi et me regarde avec un mélange de curiosité et d'empathie.

– Et la douleur, elle est comment ? Vous n'avez pas mal ?

– Si, bien sûr que j'ai mal, mais le diagnostic, c'est quoi ?

– Vous êtes tombée de haut ? Comment cela s'est-il passé ?

– Le bord de la gorge s'est effondré sous mon poids, et je suis passée en bas, avec un sac de trente kilos sur le dos. Après je ne me souviens plus, j'ai perdu connaissance.

– Mais ce que je ne comprends pas, c'est comment vous avez pu vous être cassé l'humérus gauche aussi clairement. Il se promène tout seul par ici voyez, il est complètement détaché.

Il pointe à l'aide de son stylo un morceau d'os en forme de demi-lune.

– Hum…

Je suis ses indications, fascinée par cette image.

– Comment va-t-on faire pour qu'il revienne à sa place ? demandé-je.

– Ah, eh bien ça, c'est la raison pour laquelle je suis devenu médecin : la magie du corps va s'en occuper… Il faut l'immobiliser, et si vous ne bougez pas, il reviendra à sa place en six semaines.

– Quoi ? Vous plaisantez ? Dans deux semaines je repars en expédition.

Il rit.

– C'est aussi valable pour vous, madame l'exploratrice qui veut défier la nature ! Je vous propose un rendez-vous pour la semaine prochaine. Durant la consultation, on vérifiera votre calcification et là je pourrai vous en dire plus, mais d'ici là il ne faut vraiment pas bouger et rester allongée, et surtout prendre des antidouleurs puissants, parce que je ne comprends toujours pas comment vous supportez cette douleur…

Je suis à Burnie, une petite agglomération au nord de l'île, où se trouve l'hôpital le plus proche. Il m'aura fallu plus de trois heures de route pour y accéder. Je glisse ma clef dans la serrure de la chambre 24, à l'étage du vieux motel qui fait face à la mer. Heureusement que mon bras droit fonctionne ! Je suis seule, je pousse la porte et aussitôt l'odeur de vieux tapis me monte au nez. Je laisse tomber mes affaires sur le sol et me dirige vers la salle d'eau où je commence à me déshabiller en grimaçant à chaque mouvement. Cela me prend un temps fou puis, toute nue, je croise mon reflet dans le grand miroir. Et là, une petite voix intérieure me dit : « Comment as-tu pu faire ça à ton corps ? Regarde-le ! » J'ai des marques de coups partout, mais ce qui est le plus impressionnant, c'est l'hématome noir sur mon côté gauche. Et la totalité de mon corps est recouverte de bleus, sauf les pieds et le dos. Gardant mon bras gauche plié, je me glisse sous la douche et laisse l'eau chaude couler sur mon corps d'exploratrice… Je ferme les yeux, je le remercie et m'excuse à la fois… Je lâche enfin prise, je suis en vie et en sécurité, des larmes salées se mélangent à l'eau douce. J'avale encore une dose d'antidouleur puissant et me glisse toute nue dans les draps propres. Je pousse un grognement, aucune position ne me satisfait, j'ai mal. Mais ça va…

« La résilience du corps est liée au mental, tant que vous ne lâchez pas vous restez en vie. Soyez le tigre dans votre jungle. »

Je finis par m'endormir…

La pluie a enfin cessé, je suis arrivée au bord de la rivière qui va me sortir d'ici. Je vais continuer non pas à pied mais en naviguant avec mon packraft. Assise au bord de la rivière, je contemple l'eau qui doit me tirer de cet enfer vert, mais je n'ai pas besoin de sortir mon petit bateau gonflable, parce qu'un seul coup d'œil me suffit pour comprendre que le cours d'eau n'est pas navigable : des troncs énormes sont tombés dans la rivière et certains font barrage. L'humain n'a pas mis les pieds ici, tout est décousu, mais à sa manière ce décor chaotique raconte l'histoire de ce lieu que personne n'a certainement encore racontée.

Je suis exténuée, je prends la décision de poser mon camp ici même pour la nuit. Après un court instant, je tire des cordes entre les arbres et suspends toutes mes affaires qui sont détrempées. Une fois cette tâche accomplie, pensive, je ne lâche pas du regard cette eau couleur ambre qui devait être ma porte de sortie et qui ne le sera pas. Mauvaise nouvelle… Je m'assieds dos à un arbre, j'enlève les sangsues qui se sont accrochées à mes jambes comme à un bar à l'heure de l'apéro. Je suis usée, mais ce n'est pas cette nouvelle qui va me décourager, j'avancerai sur la terre, c'est tout. L'élusif astre solaire arrive à ce moment précis, doux et salvateur, effaçant l'amertume que j'ai accumulée. Les fougères injectées de chlorophylle tapissent le sol, les insectes sont sortis pour l'occasion et virevoltent sans destination dans les rayons du soleil qui perce désormais les hautes branches. Je ferme les yeux et laisse tout mon être boire à profusion ces rayons chaleureux… Je somnole. Mon corps reste sur place, mais mon esprit, lui, s'en va là où mes pieds ne sont pas encore allés : dans le monde secret du tigre de Tasmanie…

Dans mes songes, je le vois tapi dans les fourrés, à poursuivre les traqueurs et à terroriser le bétail des fermes trop proches de la forêt. Je le vois se déplacer avec agilité et noblesse. Je n'ai que de l'admiration pour cet animal qui porte ses petits dans une poche et a la capacité d'ouvrir sa gueule à 180 degrés. Il agit généralement seul et a la réputation de passer inaperçu. Je revis une scène que j'ai lue dans un vieux recueil de trappeurs. L'histoire se déroule ainsi…

C'était en fin de journée, durant un hiver rude. Un chasseur en situation dangereuse d'hypothermie s'était perdu durant une tempête de neige et avait trouvé refuge à l'abri d'un grand rocher qui formait un espace profond et sec. Il s'installa et attendit que la tempête s'arrête. Mais après seulement quelques minutes, il comprit qu'il n'était pas seul. Dans le fond, tapi, il devina la silhouette d'un animal et les raies sur son arrière-train ne lui laissaient aucun doute… Il se mit à trembler de plus belle, cette fois pas de froid mais de peur… Il en était certain, c'était bien le fameux thylacine, dit tigre de Tasmanie. La tempête dura jusqu'aux premières lueurs du jour. Le trappeur, encore en vie mais au bord de la crise de nerfs, partit comme un écervelé en prenant ses jambes à son cou. Le tigre, qui s'était jusque-là cantonné au fond de la grotte, le regarda partir tout en humant l'air frais. Au même moment, un petit bébé tigre arriva par l'arrière en titubant…

C'est à ce moment-là que je sursaute et me réveille. Le sombre a repris sa place, l'eau de la rivière auparavant couleur ambre est désormais d'un noir charbon. Le froid s'installe à une vitesse surprenante et me fait reprendre mes esprits. Je passe en mode action et range toutes mes affaires rapidement avant de m'engouffrer dans ma tente. Je calcule alors la nourriture qui me reste, que je vais devoir rationner dès maintenant, parce qu'un tracé via la terre ferme me fera traverser les incroyables murs végétaux qui portent le nom de « buissons horizontaux ». Par conséquent, je vais avancer à la vitesse d'un escargot. Pourtant je garde espoir, je suis certaine qu'une partie de cette rivière sera navigable.

Juste avant de m'endormir comme chaque soir, je ressors pour poser mes caméras infrarouges à vision nocturne.

Les jours se suivent mais ne se ressemblent pas. J'escalade les fameux murs végétaux en évitant les serpents-tigres qui dorment si étrangement à plus de trois mètres de hauteur ; il m'est quasi impossible de les voir. Et c'est en grimpant et en cherchant une prise à l'aveugle avec mes mains que souvent je les dérange, me provoquant des montées d'adrénaline à chaque fois. Arrivée au sol, j'alterne les efforts en enfourchant inlassablement des troncs d'arbres gigantesques de deux fois ma hauteur, allongés de tout leur long, avant de me laisser tomber de l'autre côté. Mais le plus bizarre, c'est la quasi-absence de vie animale, même si les guêpes pullulent et les sangsues ont encore de quoi se faire exploser la panse ; le malheur des uns faisant le bonheur des autres, semble-t-il… Puis il y a les champignons rouges de la tête au pied, ou violets de la tête au pied : leur habillement monochromatique ajoute une touche théâtrale à ces forêts. Avec l'absence d'oiseaux et de kangourous, le silence pèse et sent lugubrement la mort. Comme pour me sentir en vie, je traverse plusieurs fois la rivière en espérant une progression plus facile sur l'autre rive, ce qui n'est jamais le cas. J'échoue à multiples reprises en tombant complètement dans l'eau, m'approchant dangereusement de l'hypothermie. Mais comme dirait Sarah Marquis : la prochaine fois sera la bonne ! Je tente une autre approche en montant sur les hauteurs, logiquement, pensé-je, la végétation devrait y être moins dense…

Et c'est en grimpant une pente escarpée où, pour ne pas glisser, j'assure avec soin l'ancrage de chacun de mes pas dans l'amas végétal que tout s'accélère en l'espace de cinq secondes ! Je sens d'abord le sol bouger, j'entends aussitôt un bruit sourd, et enfin un véritable tremblement de terre secoue tout mon corps. Je reste figée sur place, le cœur arrêté, l'estomac retourné. Je regarde différemment ces géants qui m'entourent. Ces arbres sont centenaires voire plus vieux encore et quand ils meurent ils tombent ! Ce sont des membres de leur famille que j'ai escaladés au sol jusqu'ici, mais je n'avais pas encore vécu de chute.

Je me propulse à une vitesse dont je ne m'imaginais plus capable jusque sur la crête. Je cherche un camp pendant des heures, il n'y a pas d'endroit qui me convienne. Finalement je m'installe, mais alors que je suis allongée dans ma tente, les yeux grands ouverts, un autre arbre tombe non loin de moi en déchirant la nuit de son agonie, et le sol tremble à nouveau dans un grondement qui me terrifie. Il n'est pas passé loin ! J'ai la peur au ventre depuis cet après-midi, je ne peux pas mourir comme ça, ce n'est pas possible !

Il me faudra des jours pour ne plus avoir peur et lâcher prise sur cette situation que je ne pouvais maîtriser. Je venais de recevoir une leçon qui allait dans le futur changer l'approche de ma vie…

« Accepter une situation, c'est désarmer le pouvoir qu'elle a sur vous. »

Les jours s'écoulent, mes péripéties sont de plus en plus périlleuses, puis vient ce jour où la crête s'arrête net pour faire place à une gorge étroite découpée dans la roche telle une part de gâteau, et laissant s'écouler un ruisseau sans prétention… Je vais devoir descendre à pic et remonter de l'autre côté, ce qui me fait pester, tant d'efforts pour rien ! Et pourtant je suis loin d'imaginer ce qui va suivre.

Je reprends connaissance au fond de cette gorge après une chute catastrophique, que j'ai racontée dans *J'ai réveillé le tigre*[24].

Ce que je peux vous dire, c'est que l'hélicoptère a réussi à atterrir trois jours plus tard seulement, et que mon sort a encore dû dépendre de beaucoup de choses, et cela bien avant d'arriver aux urgences.

---

24. *J'ai réveillé le tigre*, Éditions Michel Lafon, 2019.

Au lieu des six semaines prescrites par le médecin de Burnie, je repars après deux semaines d'immobilisation. Je finis donc les trois semaines qui me séparent de ma ligne d'arrivée avec un bras en écharpe et une épaule qui ne supporte pas vraiment ce traitement et se recasse au bout de quelques jours… C'est en serrant les dents que je finirai cette expédition, mais je la finirai !

« Un pas après l'autre…
parce que chaque pas a une valeur
inestimable. »

À mon retour dans les Alpes suisses, une période de repos s'imposait… Après la consolidation de l'humérus de mon bras gauche, le médecin m'a prescrit des heures et des heures de physiothérapie, mais je n'en fais aucune. Au lieu de cela, j'ai un autre plan, que je mets à exécution avec la précieuse complicité de mon frère Joël. Nous allons durant six mois, à deux, construire une tiny house dans la forêt, en haut d'un col. Et après des journées interminables de douze heures de chantier quotidien, où l'on pose l'isolation, des gainages, du parquet, des murs en lattages, des canalisations, etc., ma physio est complète ! J'emménage juste avant l'hiver dans ce petit paradis de trente-huit mètres carrés entouré d'écureuils, de renards, de chamois, de mésanges huppées, chouettes et souris qui sont devenues mes nouvelles colocataires hivernales.

Dehors la neige a désormais imposé un manteau blanc à tout ce vert qui domine habituellement. Assise en face du feu qui crépite, je classe mes affaires d'expédition qui ne sont pas encore rangées. On a tellement stressé pour finir la maison avant l'hiver que je ne me suis pas occupée de nettoyer et de méticuleusement ranger tout cela.

Ce soir-là, je décide de prendre en main la technique. Je commence par sortir toutes les cartes mémoire que je regroupe, et je vide mes caméras de leurs batteries pour les stocker. C'est alors que je remarque que j'ai oublié une carte mémoire. Je la sors et par curiosité je visionne les images de Tasmanie. Il n'y a rien que des branchages qui bougent ici et là, comme cela s'est passé pour la plupart du trajet… Dans un geste machinal, je fais défiler les images en noir et blanc, mais quelque chose capte mon attention et je reviens en arrière. Mon cœur s'arrête… je fais immédiatement une capture de mon écran et l'envoie à Joël qui me répond dans la seconde.

– Tu plaisantes, là ?

– Ben… je n'en crois pas mes yeux !

– Mais Bushie, comme tu m'énerves ! Cela ne peut arriver qu'à toi… Ça fait six mois que tu es rentrée et tu vois ça maintenant ? Tu vas faire quoi ?

– Rien, absolument rien. Je lui ai fait cette promesse avant de partir.

***« Faire les choses à fond dans notre vie,
c'est la réussite assurée. Il faut se détacher du
but, se concentrer sur chaque pas,
et le but arrivera à vous
sans que vous vous en rendiez compte. »***

– 9 –

LA HUPPE FASCIÉE

Cette histoire a commencé pendant mon expédition de 2002-2003 en Australie, lorsque j'ai parcouru à pied 14 000 kilomètres en dix-sept mois.

Ce jour-là, sous la première averse annonçant l'arrivée de la saison des pluies, j'arrive au village de Croydon, au nord-nord-est de l'Australie, dans le Queensland profond. C'est le territoire des cow-boys, des durs à cuire, mineurs et travailleurs sur le pipeline qui traverse la région. Je viens de faire une traversée de désert de plusieurs mois ; à vrai dire, ma première traversée de désert. Je suis partie le 20 juin d'Alice Springs qui se trouve exactement au centre de l'Australie. J'ai faim, je me suis lavée une fois en deux mois et mon corps sent un mélange de boue et d'urine… Mais cela est une autre histoire, que tu retrouveras dans *L'Aventurière des sables*[25]. Mes pas sont légers comme mon estomac. Au début, il m'a fallu une bonne semaine d'adaptation puis après, « À nous la liberté ! » semblaient me dire mes jambes ! J'ai donc ensuite marché cinquante kilomètres par jour avec mon sac de trente kilos sur le dos.

Ce matin, j'ai fait un point de navigation précis avant de partir, à l'aide de mon compas et de ma carte topographique. La direction que je dois suivre est : 20 degrés est, jusqu'à ce que je croise la Savannah Way, cette grande piste qui joint l'est et l'ouest, en parcourant toute la partie supérieure de ce continent. Logiquement, à un moment donné, je dois rencontrer cet axe. Je ne marche pas, je vole, me dis-je en rigolant. Oui, la vitesse de mes jambes me surprend, elles ont envie d'arriver ! J'ai une pêche d'enfer, et pourtant ce n'était pas gagné d'avance. Maintenant je sais que j'y arriverai, je sais que j'ai cette force en moi.

Je sors littéralement de la végétation lorsque surgit la Savannah Way, cette énorme route, et simultanément de lourdes gouttes tombent sur ma peau poussiéreuse. Je rigole et accélère encore. Quelques minutes plus tard, je passe un panneau

25. *L'Aventurière des sables* est le récit de cette expédition. Publié aux Éditions Michel Lafon, 2018.

qui informe le voyageur : « Bienvenue à Croydon », avec inscrit en dessous, comme toujours, le nombre d'habitants. Ici, sur une plaque rouillée qui a reçu un bon coup de fusil de chasse, on peut lire : « Population 450 », mais ce chiffre a été rayé et remplacé par 190. Je souris : je suis bien dans l'arrière-pays, loin d'à peu près tout. Sur ma gauche apparaît le pub, et de l'autre côté de la route, le *general store,* comme on les appelle ici. Ce sont des épiceries qui vendent aussi bien des clous que des tuyaux de canalisation, des maillots de bain, du pain, des boîtes de conserve, du ketchup, des spaghettis en boîte et quelques vieux bouquins historiques souvent écrits par un gars du coin. Je passe la porte, une petite clochette malmenée par l'ouverture de celle-ci alerte la tenancière de l'établissement. L'intérieur est saturé d'objets complètement disparates. Suspendus ici et là, ces invendus d'un autre temps trahissent le vécu de cet endroit ; toutes ces affaires accumulées paraissent remonter le long des murs comme de la moisissure. Le vieux plancher confirme mon arrivée en grinçant, une vieille femme sort de l'arrière-boutique et s'approche en me scrutant de la tête aux pieds. Elle porte une de ces robes-tabliers fleuries avec des poches à l'avant, comme ma grand-mère en portait, pose délicatement ses lunettes sur son nez et s'écrie : « Mon Dieu, tu viens d'où ? » en apercevant mon allure comparable à celle d'un golden retriever qui aurait sauté dans un ruisseau.

– La pluie m'a souhaité la bienvenue, je crois !

– Ne reste pas plantée là, viens vite te sécher, je te prépare une tasse de thé, tu vas attraper la mort comme ça !

Je lui emboîte le pas en direction de la cuisine, qui a un accès direct à la boutique. Elle me lance une serviette de bain et remplit aussitôt sa vieille bouilloire qu'elle dépose machinalement sur le feu. Elle ne me quitte pas du regard, ne manque aucun détail. Une fois sa tâche accomplie, sa voix se calme, et tout en continuant la conversation, elle cherche à l'aveuglette des tasses dans un placard.

– Assieds-toi donc, ma petite, et raconte-moi, dit-elle alors.

Je me glisse entre le banc et la table de cuisine où dort un grand chat jaune. Il lève à peine un œil. Je la regarde : ses gestes sont précis. En deux temps trois mouvements, elle a préparé un sandwich, et elle se laisse tomber lourdement sur le banc en face de moi en poussant une petite assiette où sont posées les deux tranches de pain de mie devant moi.

Des seaux pour récolter l'eau qui s'infiltre traînent par terre, indiquant l'état d'étanchéité du toit… Les découpes des planches de la paroi sont marquées par des coups de hache, et sans aucune trace de scie, signe que cette construction date du début du XXe siècle. Tout est foncé, sombre, à part la cuisine qui est baignée de lumière. Certains objets des années 1970 me sautent aux yeux : boîte à pain de couleur orange aux contours arrondis, lampes dorées aux lignes minimalistes, agencement de cuisine laqué. J'ai l'impression d'être dans une capsule qui a remonté le temps, j'adore… C'est fascinant de pouvoir entrer, l'espace d'un instant, dans la vie de quelqu'un. Et je ne suis pas au bout de mes surprises. La clochette tinte soudain : mon hôtesse fait un bond de jeune fille et, avec un sourire magnifique, se rend à son poste. J'ouvre mon sandwich et découvre entre les deux carrés de pain de mie une rondelle de saucisson au bord jauni. Je réveille le chat jaune, lui donne la rondelle, et c'est ainsi qu'il devient mon complice dans cette affaire. Il se remet en boule juste à temps pour le retour de la propriétaire[26]. Pour ma part, j'avale le reste en une bouchée, j'ai tellement faim. La femme passe la moustiquaire qui sépare le magasin de la cuisine et dépose nonchalamment un grand pot de beurre de cacahouète sur la table ainsi qu'un paquet de pain de mie…

– Sers-toi, tu dois avoir si faim, le pub ne sert pas encore à manger, ce n'est pas l'heure, je suis ton seul espoir, dit-elle en éclatant de rire.

Je me fais des tartines au fil de notre conversation, l'une après l'autre, machinalement. On papote des heures, elle me raconte sa vie… J'en ai les larmes aux yeux. Aujourd'hui encore je la vois rigoler et s'agiter dans sa cuisine. Quand elle apprend que je parle

---

26. J'imagine qu'elle n'est plus de ce monde et j'imagine aussi que ce lieu n'existe plus, ou du moins plus comme cela. Je ne me souviens malheureusement pas de son prénom, mais je sais qu'elle aurait adoré que je l'appelle Marguerite (Margaret en anglais), donc c'est ainsi que je la nommerai. Et paix à toi ma chère…

français, elle disparaît mystérieusement comme une gamine et revient avec un numéro de *Paris Match* !

– Mais que fait cette « chose » ici ?

Elle sourit et passe sa main tout doucement sur la couverture.

– Vous voulez que je vous en lise un passage ?

– Tu ferais ça ? Oh mon Dieu ! Cela fait plus de vingt ans que je le reçois, je n'arrive pas à comprendre de quel sujet on parle vraiment, mais j'imagine.

Je me mets à lire en gardant un œil sur elle, les phrases défilent, et doucement des larmes qu'elle ne peut retenir se forment dans ses yeux.

– Ma petite, arrête, s'il te plaît, arrête. J'ai l'impression de l'entendre ! *Et elle se prend la tête entre les mains.* Il faut que tu me promettes quelque chose.

– ?

– Ne te laisse jamais endormir comme moi, ne laisse pas tes rêves dans un sac poussiéreux… Il arrivera que la vie te donne du mal sur ta route, tu devras faire des choix. Fais-les, sois brave ma petite, sois brave et ne les regrette jamais ces choix ! Fonce et ne te retourne pas, ne fais pas comme moi…

La clochette retentit à nouveau. Et quand Margaret se lève, son élan est maintenant celui d'une vieille dame dont les regrets pèsent lourd sur les épaules… Le gros chat jaune s'installe sur mes genoux. Machinalement, je câline ce petit poilu qui ronronne avec ferveur, mais mes pensées sont bien ailleurs, et des larmes perlent que j'essuie aussitôt d'un revers de main.

Merci, merci, Margaret murmuré-je. Si seulement elle savait comme ses mots me font du bien. Ils résonneront encore longtemps en moi et souvent, quand je m'y attends le moins, Margaret visite mon esprit l'espace d'un instant et la mémoire de ses mots me rappelle ma promesse.

« Dans notre vie, des signes déguisés en personnages, événements ou autres sont déposés intentionnellement sur notre chemin. Ils semblent anodins au premier abord, mais si tu écoutes avec ton instinct, tu remarqueras qu'ils ont été déposés là pour répondre à nos questionnements profonds et nous guider dans nos choix. »

Quand elle réapparaît, elle a retrouvé son humeur joyeuse.

– J'ai appelé le pub, tu peux y aller, ils font à manger, c'est l'heure ! File d'ici !

Elle me pousse joyeusement hors de sa cuisine, tandis que le gros chat jaune ronchonne. Je passe le pas de la porte, retrouve mon sac que je m'empresse de remettre sur mon dos et, en me retournant pour l'ajuster, je le vois du coin de l'œil : sur la partie gauche de la vitrine un *tea towel*[27] suspendu affiche une grande huppe fasciée, tandis que sur la partie droite, un autre torchon imprimé arbore une planche botanique du bush australien. Je m'arrête une seconde là-dessus

27. Linge de cuisine petit, rectangulaire.

et je ne peux que me dire : mais qu'est-ce que cette huppe fasciée fait ici ? Je dirige mes pas en direction du pub et me retourne une dernière fois : Margaret est postée derrière la vitre de l'épicerie, elle me regarde partir. Elle me fait un petit signe et m'envoie un bisou... Je lui souris et fais un petit tour en sautillant sur moi-même pour lui faire comprendre que j'ai compris. « Merci, merci pour tout Margaret. » Quelques minutes plus tard, je pousse la porte du pub. L'odeur me monte directement au nez : cet endroit sent encore la transpiration des clients de la vieille, la fumée froide de cigarette et... je n'arrive pas à mettre des mots dessus... ! C'est pourtant une odeur que je connais bien... ça sent le bétail *(rires)* ! Mes sens immédiatement en alerte, sur mes gardes, je pousse un tabouret du bar et m'installe sous le regard médusé des habitués... qui ont déjà rempli leurs tuyaux de plusieurs bières depuis l'ouverture.

Depuis ma plus tendre enfance, j'arpente la forêt autour de la maison familiale, ma paire de lunettes d'approche accrochée au cou dans l'espoir d'apercevoir la fameuse huppe fasciée. Plus précisément, depuis que j'ai reçu le *Guide des oiseaux d'Europe* en cadeau... En couverture trônait la belle et majestueuse huppe fasciée, avec sa robe corail. Depuis lors j'ai tout mis en œuvre pour avoir la chance de l'observer, malheureusement sans succès.

Jusqu'à ce matin-là au milieu de la steppe mongole ! Loin de tout, je viens de tomber sur une de ces constructions basiques à trois pans où les moutons viennent s'abriter en hiver. Je me laisse glisser au sol, mon sac encore sur le dos, et mon corps épuisé s'endort sans mon avis. Cela fait des semaines que je n'ai pas passé une nuit entière tranquille, depuis que des Mongols envahissent mon camp à la tombée de chaque nuit sans exception. L'angoisse et le stress ajoutés au manque de sommeil et à l'effort que je produis pour parcourir mes trente kilomètres journaliers ont suffi à m'envoyer dans un sommeil forcé. Mais j'ai ce que l'on appelle « une oreille toujours ouverte », et en ce moment, même si je dors, un petit bruit que je ne peux identifier m'alerte. Je garde les yeux fermés, je refuse de les ouvrir : dormir, j'ai besoin de dormir, encore un petit peu… *please*, *please,* me répété-je en boucle. Le bruit reprend, et pour le faire cesser sans ouvrir les yeux, je tire mon bonnet sur mon visage. « Foutez-moi la paix », je murmure à cette immensité verte qui s'étire à l'infini devant moi. Je laisse tomber mes bras nonchalamment pour repartir dans un coma forcé de quelques minutes. Mais je finis par sursauter, et encore ensommeillée, je découvre – pour la première fois de ma vie – la huppe fasciée qui enfonce méthodiquement son long bec recourbé dans le sol ! Elle est là, à mes pieds, elle cherche des insectes… Nos regards se croisent : elle incline la tête sur le côté pour mieux m'observer et dresse sa crête. Je ne bouge pas ; je vis cette rencontre comme une providence. Sa robe est couleur corail et sur ses ailes alternent des plumes noires et blanches. Elle est majestueuse comme je l'imaginais. Je suis émue et des larmes coulent sur mes joues. Ce rêve appartient à la gamine que j'étais, qui était persuadée que si elle restait assez longtemps dans la nature, elle allait rencontrer cet oiseau mythique. Aujourd'hui, il valide en moi tant de choses… Et la huppe fasciée semble me dire : « Tout ira bien. » Alors que j'étais au bord de l'épuisement, elle a rallumé mon feu intérieur. Mais est-elle vraiment là par hasard ?

J'aurai la chance de voir son nid dans le sud de la Mongolie avant le désert du Gobi. Mon expédition de trois ans m'a vue marcher de Sibérie en Australie via la Mongolie, la Chine, le Laos, la Thaïlande et l'Australie. Et c'est au cœur de mon trajet chinois qu'elle réapparaît. Cette fois, je me suis familiarisée à son petit cri, *houp-houp-houp*, qui me permet de l'identifier puis de la localiser visuellement. À chacune de ces rencontres, elle m'apporte une sensation familière, un réconfort. Étrangement, elle arrive toujours à un moment où j'ai besoin d'un petit coup de pouce. Cette expédition s'est passée exactement comme devait se passer une expédition : avec des épreuves ! Il y a eu l'infection dentaire dans le désert du Gobi, l'arrestation par les forces spéciales en Chine, l'attaque des trafiquants de drogue au Laos[28], la dengue dans la jungle, puis mon

---

28. Retrouve cette expédition dans le récit *Sauvage par nature* aux Éditions Michel Lafon, 2014.

corps qui ne pouvait plus avancer en Thaïlande, j'ai lutté pour à peu près tout, sans arrêt. Cette expédition m'a appris à me régénérer seule, d'un jour à l'autre, sans rien attendre de personne, en gardant mon cap. J'étais la plupart du temps pleine de gratitude, et juste très heureuse d'être encore en vie. Et lorsque j'ai entamé la dernière ligne droite avant d'arriver à la fin de mon trajet thaïlandais, les températures excédaient l'impensable avec un taux d'humidité maximal : les Thaïs ne sortaient plus, les chiens des rues ne s'aventuraient plus sur le goudron trop chaud, et moi j'avançais, mais j'avais du mal à trouver un coin pour poser ma tente ; partout, il y avait des gens. Les moines, qui acceptent normalement volontiers les voyageurs en tout genre, ne m'ont pas fait de cadeau ; je suis une femme, et on n'accepte pas volontiers les femmes dans un monastère, même dans la cour intérieure où j'aurais tant aimé monter ma tente. Il est interdit à une femme en période de menstruation d'entrer dans un lieu sacré, mais il semble qu'ici, on imagine qu'une femme saigne trente jours par mois, parce qu'on me refoule systématiquement. Épuisée par tant de luttes, et par cette chaleur qui descend rarement au-dessous des 35 degrés durant la nuit, un jour, je n'ai pas d'autre choix que de monter mon campement sur un petit coin de vert, près d'un bouquet d'arbres qui fait office de déchetterie locale. Je m'assieds devant ma tente, dans l'odeur des poubelles qui me monte au nez et cette chaleur qui commence à titiller mes nerfs. L'eau dans mes gourdes est chaude. Lasse, dégoulinante, je bois et enlève enfin mes chaussures, quand soudain un oiseau atterrit devant moi. J'arrête de boire, j'en ai la bouche ouverte : c'est la huppe fasciée. Elle fait comme si je n'étais pas là, et, devant moi, se met à perforer le sol à petits coups de bec, à la recherche de nourriture.

Cette fois ce n'est plus une coïncidence, j'en suis certaine, je ne peux que fermer les yeux et la remercier du plus profond de mon cœur : merci, merci.

Je ne la reverrai plus…

Mon expédition arrive à sa fin trois ans après le départ. La ligne d'arrivée passée, je trouve très étrange d'être encore en vie… Ce sentiment dure quelques jours. Et puis, je me fais à l'idée que j'ai bel et bien réussi, et que je suis encore bel et bien en vie.

La vie comme on la connaît si bien nous donne une illusion de contrôle. On me dit constamment que j'ai de la chance. C'est une phrase que les gens emploient très, très volontiers, cela met de la distance et les désengage de leurs prises de décisions et responsabilités face à leur destin. Parce que rien de ce que je fais ne tombe sous la loi de la chance.

***« Les routes que l'on n'a pas empruntées
ne doivent pas être des regrets,
mais de vrais choix. »***

– 10 –

LE CŒUR DES CHOSES

La sensation que j'éprouve ce matin-là ressemble à celle que ressent une femme qui se réveille à côté de son amoureux. Tout mon être éprouve une sensation de douceur. Mon trop-plein d'amour déborde, je suis comblée et regorge de cette substance que l'on appelle l'amour. Tout mon corps ressent cette douceur veloutée et chaude. Et pourtant je suis seule dans ma tente quelque part dans le bush australien ; cela fait plus de deux ans que je suis partie de Sibérie.

« La source de l'amour ne vient pas de l'humain que l'on a choisi, mais de notre capacité à nous connecter avec notre cœur à chaque atome et cellule vivante. »

Il faudrait arriver à irradier de cet amour et après, seulement, aimer un autre être humain choisi pour différentes raisons.

Mais exiger l'amour de l'autre pour sa consommation personnelle, ce n'est pas de l'amour. Cela s'appelle une ponction, une extraction ou plus précisément une saignée, et cette technique attire spécialement des partenaires dits « charognards ». Un cœur qui vibre de l'intérieur vers l'extérieur et vit avec amour est une fontaine de vie qui influence tout son environnement, l'endroit où il se trouve, du végétal à l'humain.

« Le langage universel est fait de notre aptitude à regarder avec les yeux du cœur et à nous connecter cœur à cœur avec tous les mondes : végétal, animal, minéral, et avec l'univers… »

Tout vibre à des fréquences différentes, mais tout vibre. Notre monde est fait d'énergie ; notre corps, nos pensées, nos sourires… Nos yeux ne perçoivent pas ces ondes, mais en observant bien ce qui se passe autour de nous, on arrive à comprendre les énergies, puis à les ressentir avec notre corps.

Combien de fois m'est-il arrivé d'éviter de serrer la main de quelqu'un parce que je n'en avais pas envie ! Parfois aussi, je recule quand quelqu'un s'approche trop près de moi. Ces réactions sont dictées par notre corps, qui réceptionne l'énergie de l'autre ; s'il la rejette, c'est bel et bien qu'elle est négative, voire néfaste. À l'heure actuelle, s'il m'arrive de ne pas « sentir » une situation, je pars, je n'ai pas à chercher pourquoi. Mon instinct, qui est mon intelligence organique, me dit de partir ? Eh bien, je pars ! Je ne demande surtout pas d'explications à mon intellect, qui n'est autre que notre « ordinateur » d'origine. Celui-ci va certainement donner une raison logique et bien ficelée ! Et au lieu de partir, on va rester.

Est-ce que tout cela a vraiment de l'importance ? Oui. Car notre corps est notre compas. S'il nous donne une information, il faut l'écouter. On a tous un chemin à suivre, sauf qu'il est invisible. Et ceux qui peuvent nous aider à le trouver sont notre intuition, notre corps et notre cœur…

Je suis persuadée que nous sommes ici pour remplir notre mission de vie. Mais il s'avère assez compliqué de mettre le doigt dessus. Pour y parvenir, il faut chercher, c'est ce que je n'ai cessé de faire. Et naturellement, un jour c'est arrivé. Il y a longtemps… J'ai regardé dans mon rétroviseur et j'ai compris soudain quelle était ma mission de vie ; comme un flash, tout est devenu enfin une évidence et une urgence.

« Je dois impérativement tout mettre en œuvre pour relier l'humain à la Nature et être ce petit pont entre ces deux mondes. »

Mais avant ce moment de révélation, je ne voulais que marcher. Plus spécifiquement, explorer. Au début, on me demandait : pourquoi marches-tu vraiment ? Tu fuis quelque chose ? Les gens attendaient une histoire traumatisante, alors que non ce n'était pas le cas du tout, mais je n'avais pas de réponse à donner. Oh, comme j'appréhendais cette question… Au fond de moi, je savais qu'il ne fallait pas y répondre avec des mots, mais par l'action ! Et j'étais la seule qui pouvait le faire.

Douze sinon rien

Je me retourne sur le côté, le jour n'a pas encore pointé son nez, et pourtant le *butcher bird* brille de son talent telle une diva d'opéra, perçant la nuit de ses mélodies cristallines. Je n'arrive pas à voir ces notes et toutefois, je les ressens. Elles ont transpercé et réveillé mon âme dans la deuxième partie de la nuit. Vers 4 h 30, moment où la température de notre corps est la plus froide, l'oiseau, de son baume mélodieux, a réinstauré en moi un nouveau souffle. Les hommes lui ont donné ce nom de « boucher » parce qu'il empale ses victimes sur des épines pour les tuer. Cet oiseau mangeur de viande porte une robe avec les deux nuances de notre monde, le blanc et le noir. Son talent de conteur semble s'être trompé de corps, et lorsque je l'ai entendu pour la première fois, je l'ai imaginé coloré, avec un plumage digne des *Mille et Une Nuits*. Mais la réalité est tout autre : une beauté banale et des manières plus que discutables… Mais rien n'égale son chant nocturne qui touche l'âme de celui qui le reçoit.

« Ne dit-on pas que c'est la beauté intérieure qui fait l'oiseau ? »

L'univers des oiseaux m'a toujours fascinée. Mon enfance, je l'ai passée postée dans la forêt, immobile été comme hiver, mes lunettes d'approche accrochées au cou. Ma maman, à l'heure actuelle, appelle toujours les mésanges à tête noire « les mésanges de Sarah ». J'ai eu une période d'adoration pour ces petites boules de plumes.

Alors qu'un jeune adolescent s'intéresse normalement à ses potes et à la musique, moi je parcourais monts et vallées à la recherche d'oiseaux, et plus particulièrement de la huppe fasciée. Mais n'en tirez pas de conclusions hâtives… J'aimais juste un peu plus les oiseaux que les humains, c'est tout, et je crois que c'est toujours le cas (*rires*). Je n'ai toutefois jamais cessé d'étudier de près les humains de sexe masculin. Par monts et par vaux, j'en ai cherché un qui arriverait à la cheville de ces braves et somptueuses créatures à plumes…

Est-ce qu'une chercheuse s'arrête de chercher ?

Est-ce qu'une exploratrice s'arrête jamais d'explorer ?

Dans la nature, rien n'est banal, les mondes s'entrecroisent, s'aident, se complètent et se dévorent. La nature est cruelle, entend-on souvent. Eh bien, les choses y sont simplement ce qu'elles sont : il n'y a pas de fourberie ni de mensonges, juste quelques kidnappings ou espionnages souvent perpétrés par le magnifique et belliqueux perroquet à crête jaune, le plus terrible de tous. Et je peux dire sans retenue que ma fascination pour les oiseaux est encore plus forte aujourd'hui. Eh non, vous ne me verrez jamais faire une expédition au pôle Nord ou au pôle Sud ! Maintenant vous savez pourquoi.

Les termites et les incendies ont aidé l'Australie à devenir une terre à perroquets.

« L'Australie a la plus grande colonie de perroquets du monde. Ils sont parmi les rares oiseaux qui peuvent tenir la nourriture qu'ils mangent grâce à leurs quatre orteils, dont deux positionnés en arrière et deux en avant, fonctionnant comme une pince. Lorsqu'ils attrapent des noix ou des fruits à grignoter, ils deviennent les écureuils et les singes du monde des oiseaux… Cela aide à expliquer pourquoi l'Australie est une terre de perroquets. Parce que ce n'est pas un pays d'écureuils et de primates…

Les eucalyptus sont essentiels à la survie des perroquets, car ils leur offrent, outre la nourriture, un logement, à savoir des trous dans lesquels la plupart des perroquets sont élevés. Or, l'Australie a des termites qui mangent le bois ramolli par les attaques fongiques : une tempête détache une branche, la pluie pénètre dans la base, les champignons se développent, les termites arrivent… les trous sont formés. Les incendies jouent également un rôle, en fournissant le point d'entrée dont les termites ont besoin. »

(Extrait de l'excellent livre Where Song began *de Tim Low)*

La vie, si tu arrives à la garder assez longtemps en toi, est rude et vraie, mais une chose est certaine :

« La nature est un endroit où tu apprends vite. Dans cet univers, ou tu t'adaptes ou tu meurs – et c'est le prix à payer pour la comprendre et nous découvrir. »

Il n'y a pas de favoritisme ici. La loi de la nature est la loi originelle, et les valeurs qu'elle reconnaît sont, entre autres, la sueur, la bravoure et le respect.

Ce jour-là, je me suis installée sous un petit arbre, dans cette plaine ouverte du nord du Queensland où l'herbe couleur paille recouvre tout jusqu'à hauteur de genou, sauf sous cet arbre, où le sol est dégagé et propice à monter un camp. Le soleil s'est couché au bon endroit juste devant moi, à l'ouest, là où je vais. C'est l'intersaison, les kangourous, à cent mètres de ma position, se sont rapprochés et me regardent m'installer pendant que les petits sortent leur tête de leur poche protectrice, leurs oreilles radar trop grandes essayant de donner du sens au monde qu'ils découvrent à l'extérieur. Je monte donc ma tente sous leurs regards curieux et me glisse dans mon sac de couchage. Durant la nuit, la température va descendre au plus bas pour cette région, mais sans jamais passer la barre du zéro degré. La lune est presque pleine, et des petits sons à peine perceptibles s'échappent de l'arbre sous lequel je me trouve. Curieuse, j'ouvre tout doucement la toile de ma tente et cherche les émetteurs de ces sons, sans succès. Je me recouche en gardant les yeux ouverts et scrute la nuit à travers ma moustiquaire.

Avant l'aube, lorsque la nuit commence à s'éclaircir et que le jour reprend le pouvoir, j'ouvre comme à mon habitude ma moustiquaire et sors le haut de mon corps. Je contemple cette passation de pouvoir avec toujours autant de respect quand soudain, les petits bruits entendus avant de m'endormir se font de nouveau entendre. Emmitouflée dans mon sac de couchage, je découvre alors les émetteurs mystérieux de ces gazouillis aigus : au-dessus de ma tente, sur la première branche basse sont alignés douze petits oiseaux collés les uns aux autres pour se réchauffer. Le froid pique à ces latitudes… Je souris, je les reconnais, ils sont mouchetés de noir et de gris foncé, ce sont les petits clowns du bush, communément appelés *happy Jack*, mais leur nom officiel est *apostlebird*, ce qui signifie « les apôtres », parce qu'ils se déplacent toujours par douze ! Et si une année, la famille n'atteint pas ce chiffre de douze pour diverses raisons, eh bien, ils s'en vont simplement kidnapper un autre sujet. Ce que j'observe est fascinant, d'une grande beauté : ils sont alignés tous les douze sur leur branche, blottis les uns contre les autres. Soudain, comme s'il avait reçu un signal, le dernier sur la branche rejoint le premier, déclenchant un mouvement en vague, et tout ce petit monde se décale à coups de pas chassés. C'est ainsi qu'ils se déplacent, un oiseau à la fois, ce qui va leur permettre de rester tous au chaud, et celui qui se trouve à l'extrémité n'y restera pas longtemps, c'est chacun son tour…

Ils n'ont pas peur de moi et me regardent en émettant leurs petits sons discrets. Vers les 9 heures du matin, alors que j'ai fini de me préparer et que le soleil arrive enfin et réchauffe l'atmosphère, mes colocataires en profitent pour quitter leur branche salvatrice. L'un après l'autre, ils arrivent pour une inspection complète de mon matériel, sautillant tout autour de moi et grimpant sur mon sac à dos qui est encore au sol, tout cela en piaillant, chacun avec l'intention de gagner cette bataille vocale, et tous ensemble créant l'atmosphère d'une chorale de quartier… Je rigole : ce sont les pirates du bush, mais je ne connais personne qui ne les aime pas.

« Pour moi il n'y a pas de plus beau moment que lorsque la nature m'accepte au même titre que le reste du vivant. »

On me demande souvent si je n'ai pas peur dans la nature avec tous les animaux sauvages. J'ai l'impression qu'on confond sauvage avec dangereux, mais ce qui se passe en réalité, c'est que l'on a souvent peur de ce que l'on ne connaît pas, et cela vaut pour tous les domaines. Lorsque je suis en expédition, eh bien je suis forcée de gérer ce qui m'arrive dans la seconde où cela m'arrive, je suis constamment dans ce qu'on appelle l'inconnu. Pour évoluer dans un environnement que l'on ne connaît pas, il faut : sortir ses antennes ; allumer les phares ; nettoyer son pare-brise ; gérer la situation. Il n'y a pas de temps pour la peur et encore moins pour les tergiversations de l'esprit. Il faut juste de l'intuition et de l'action. Il faut être réceptif, chaque information va vous permettre de mieux comprendre ce qui vous tombe dessus. C'est tout. Pas de préjugés, pas d'idées préconçues, pas de peur… Juste être.

« Plus vous êtes détaché et connecté au tout, plus cela va vous aider… »

Oui, il va falloir faire confiance. Mais à quoi ? Eh bien au fait que vous vous trouvez au bon endroit au bon moment et pour une bonne raison. Ce seul fait est suffisant pour croire à la bienveillance de la suite du scénario… C'est à cela qu'il faut faire confiance. Nous sommes les créateurs de notre réalité, et les mots et le dialogue intérieur sont très importants. Ce que nous projetons sur notre écran mental, les scénarios qui rôdent dans notre tête, tout cela doit être positif et créatif. Je vais le prouver avec ce qui suit…

Une dent japonaise

Avant le départ pour mon expédition de trois ans, au cours de ma préparation, j'ai subi une batterie de tests, cardiaque, densité osseuse, analyse sanguine, y compris une visite chez mon gynécologue et une autre chez le dentiste. Je n'ai pas refusé lorsque celui-ci m'a proposé une radiographie de ma mâchoire à 360 degrés…

Il arrive donc avec cet appareil auquel aucune information importante sur ma dentition n'est censée échapper, et « s'il y a un problème, on va réussir à le voir et l'anticiper », m'explique-t-il. Parce que, selon son expérience, toutes les infections importantes prennent du temps pour se former mais sont déjà apparentes sur ce genre de scanner. Je suis ressortie de là avec quelques plombages assainis, rien de plus. Rien n'était apparu sur la radiographie réalisée par son nouvel appareil issu des dernières technologies.

Ce que je ne savais pas encore, c'est qu'une fois arrivée dans le centre du désert de Gobi en Mongolie du Sud, une infection virulente allait se déclencher sous une molaire, nécessitant le recours au protocole d'évacuation moins de vingt-quatre heures après le début de l'infection… J'ai réagi immédiatement, l'infection s'étant déjà propagée dans le bas de ma nuque, mais malgré ma réactivité et la prise d'antibiotiques, j'ai dû me faire évacuer d'urgence du désert de Gobi. Le pays le plus proche ne nécessitant pas de visa et capable de gérer ce genre de problème ? Le Japon !

Une évacuation est un exercice que l'on répète et que l'on planifie durant la phase de préparation d'une expédition avec l'équipe. Mais une chose est sûre, les contacts sur place que j'ai consciencieusement établis en Mongolie ont été primordiaux. Une connaissance de l'un de mes sponsors, médecin à Tokyo, a fait le lien qui était nécessaire avec une de ses connaissances dentistes.

Le capitaine est ma douleur

Je suis dans l'avion qui m'amène à Tokyo, je me tiens la mâchoire, car chaque petit mouvement résonne dans ma mâchoire et la douleur est difficilement tenable. Je sors de l'aéroport tant bien que mal, je porte encore mes habits d'expédition, il fait nuit, les lumières de la ville me souhaitent la bienvenue… Soudain tout me saute à la gorge, le bruit, l'agitation, les néons agressifs, la douleur, les odeurs de la ville. Je déglutis et un goût étrange passe au fond de ma gorge. Il est temps, l'infection se propage…

Je suis prise en charge très rapidement mais il faudra six semaines de traitement sur place pour d'abord éradiquer l'infection et ensuite réparer les dégâts. Mais comment cela a-t-il été possible ? N'avais-je pas tout vérifié avant de partir ?

Eh bien, durant les deux mois qui ont précédé cette évacuation, je me suis battue comme une brave pour échapper aux raids nocturnes réguliers que les hommes à cheval souvent saouls ou drogués infligeaient à mon campement. Ils arrivaient comme des loups à la tombée du jour. Alors pour éviter un maximum ce danger, je me suis cachée sous les pistes quand c'était possible, dans les tuyaux d'évacuation souvent occupés par des carcasses de moutons en décomposition et accompagnés par endroits d'excréments humains…

Les steppes mongoles sont d'une beauté inégalée, les yourtes blanches apparaissent ici et là dans ce paysage ouvert à l'infini. Tout baigne dans ce vert inoubliable et envoûtant. Pendant que les enfants jouent à l'extérieur de la yourte en vêtements traditionnels, l'habitacle circulaire est plein de vie à l'intérieur, laissant un filet de fumée s'échapper de la longue cheminée centrale. Les chevaux utilisés par les hommes en charge sont attachés à la longe tendue entre deux poteaux. Tout paraît si doux et en harmonie, et ce jusqu'à ce que la nuit tombe. Alors l'histoire magique que dégagent les steppes change, surtout pour moi.

Ce rythme d'oppression constante m'a rendue fragile : je ne dormais plus la nuit. Durant la journée, dès que je faisais une pause, assise contre mon sac à dos, mon corps partait dans un sommeil sur lequel je n'avais aucun contrôle. Combien de fois me suis-je réveillée en mode panique, sans savoir où je me trouvais, parce que mon corps en avait assez de ce traitement et qu'il m'imposait un sommeil forcé ? À cela se sont ajoutées les difficiles traversées de village qui n'ont jamais été une partie de plaisir, où soit les chiens m'agressaient, soit les hommes me poursuivaient. Il est vrai qu'il est difficile de se cacher, à pied, dans un décor sans arbres ouvert à l'infini.

« Alors oui, ils ont commencé à me taper sur le système nerveux. Oui, j'avais une dent contre eux. »

Je me suis créé ce problème de dents moi-même : ma peur, mon angoisse, ma rage se sont retournées contre moi… Et c'est une des grandes leçons de cette expédition-là.

« Tout est lié, ne vous retournez pas, avancez toujours et pardonnez !
Lorsque vous pardonnez à quelqu'un, ce n'est pas vraiment pour lui, c'est pour vous !
Lorsque vous arrivez à gérer une situation sans utiliser la colère, ce n'est pas du self- control, c'est du self-love !
… Et du self-help ! »

– 11 –

LA CHINE

Expédition de 3 ans, Sibérie-Australie

Chine de l'Ouest, 3 445 mètres d'altitude

Je suis assise sur un siège en plastique dans le petit aéroport de Jiuzhai Huanglong à la frontière tibétaine, j'attends le premier avion qui va me sortir d'ici… Dehors, le brouillard lèche les contours de la montagne luxuriante, la visibilité est à moins de cinquante mètres. Je tapote nerveusement le dessus de ma main gauche avec mon passeport. La piste de décollage est posée tel un nid d'aigle sur ce pic rocheux, le tarmac recouvre exactement la largeur de la montagne, ni plus ni moins. Avant qu'on rabote la partie arrondie, c'était forcément un peu plus haut. Maintenant, ce replat peut accueillir une flotte internationale, mais je ne peux m'empêcher de me mettre à la place du pilote, qui doit atterrir ici avec un Boeing 737. J'en ai froid dans le dos. Je regarde l'heure pour la centième fois au moins, il est déjà 14 heures, et j'espère que le prochain vol ne sera pas annulé pour cause de mauvais temps. Il me reste moins de cinq jours pour quitter le pays, et demain, c'est le début du week-end. Vais-je y arriver ?

Tout est mis en place : mon team est averti, l'ambassade aussi, il ne me reste plus qu'à traverser toute la Chine en atterrissant si possible sans anicroche à Chengdu, sauter dans un autre avion direction Beijing, courir à l'ambassade de Mongolie récupérer mon visa et sauter encore dans un autre avion pour Oulan-Bator, direction la Mongolie. « Moins de cinq jours », je marmonne, lorsque l'unique affichage électronique se secoue enfin et annonce : Chengdu, embarquement !

Trois mois plus tôt…

Je suis assise sur une grosse pierre au bord de cette route défoncée qui m'amène en haut d'un col à plus de 3 000 mètres, ce qui va me permettre de passer de l'autre côté, du moins c'est ce que je crois. Je n'ai pas d'équipement de navigation classique : GPS, cartes topographiques ou tracker qui pourraient me confirmer ma position et me donner une vision de la suite. Non, je navigue à l'aveugle depuis le début, et plus j'y pense, plus je trouve ce retour aux sources rafraîchissant. On faisait comment avant ? Tous les objets que j'ai énumérés pourraient me faire risquer la prison sous ces latitudes. Est-ce qu'ils sont interdits ? Oui. Est-ce qu'on peut les acheter dans les shops un peu partout ? Oui, mais je ne suis pas autorisée à les utiliser. Nul n'est censé ignorer la loi, et ici, la marche à suivre n'est jamais claire, ce qui leur laisse une petite marge pour une arrestation s'il leur en prenait l'envie… Donc je décide de jouer le jeu : je n'ai emporté que mon compas et des cartes routières basiques, mais celles-ci sont annotées en mandarin, donc pas d'une grande aide. Ce choix m'épargnera un séjour dans une prison chinoise…

Pour l'heure, j'ai sorti mon petit thermos qui a bien vécu ; l'air ambiant est saturé d'humidité et de froid, qui pénètrent dans mon corps telles des aiguilles, me grignotent de l'intérieur gentiment mais sûrement. Je devrais être proche du sommet, me dis-je en me versant un bon thé noir citronné. Sauf que, depuis ce matin, cette piste boueuse s'obstine à me ralentir, ma charrette s'embourbe et glisse dans les ornières creusées par les pneus de grands véhicules. Ces petits moments où je peux enfin m'arrêter et boire un thé sont ma seule récompense dans ce pays où jusqu'à maintenant tout est une sorte d'épreuve. Je respire. J'ai bien avancé malgré tout. Il me semble que je vais enfin trouver un peu de nature, cela fait quatre jours que la distance entre les villages s'agrandit, et depuis le matin je n'ai pas croisé âme qui vive, aucun véhicule et aucune construction. Je remarque que cette piste a été construite il n'y a pas si longtemps et là encore, cette route a été imposée au décor sans observer les courbes de la montagne. Tout ce que fait l'humain ici est conçu dans un esprit de domination exacerbé. Je reste en position un bon moment à savourer cette tranquillité quand soudain, un coup de vent isolé remonte la vallée et secoue tout sur son passage. Ce qui déclenche une merveilleuse mélodie composée d'une poignée de notes, un genre de cliquetis aigu qui va se répéter en pure synchronisation avec le vent glacial, qui semble savoir où il va, lui. Et puis plus rien. J'en identifie la provenance et découvre que les feuilles des bambous au-dessus de moi dans la forêt sont blanches : le givre les a parées comme si on les avait trempées dans du sucre glace. Chaque feuille s'apparente maintenant à une sculpture de porcelaine. Un nouveau souffle monte du fond de la vallée et moi, les yeux rivés sur le feuillage gelé, je me nourris de ce spectacle de toute beauté. L'aubade qui s'échappe du bambou givré semble parler à tout mon être. Je souris : ce phénomène attise mon feu intérieur et justifie toute cette douleur, je n'ai besoin de rien d'autre.... Comme c'est magique, me répété-je, et pourtant l'explication est simple. Cette région est affectée par des brumes de sommet, et je pense que le brouillard s'est fait rattraper par le froid. Aussi simple que cela. Je ne quitte pas des yeux ces bambous qui ressemblent maintenant plus à des œuvres d'art qu'au déjeuner des prétendus habitants de cette « réserve de pandas ». Soudain, une boule de poils roux avec une queue rayée blanche et noire passe à moins de cent mètres en contrebas et rentre dans les fourrés denses de l'autre côté de la route. J'ai juste eu le temps de l'apercevoir. Je suis toute chamboulée, mon cœur bat à toute vitesse. Je viens de voir un *red panda*[29] ! Il me faut du temps avant de reprendre mes esprits, parce que pour moi, il n'y a rien de plus beau que de pouvoir observer un animal aussi rare que celui-là dans son habitat naturel. Je range mes affaires, mets mon sac sur mon dos, tire ma charrette pour être en position de départ et je murmure : « Merci, merci. »

J'ai le cœur léger. Je me réjouis, et cela ne m'est pas arrivé depuis que je suis en Chine. J'ai retrouvé la nature, enfin.

Je continue de progresser toute la journée, je ne m'arrêterai plus, le froid est mordant, et tant que mon corps est en mouvement, il m'atteint moins. Je finis part monter un camp en fin d'après-midi dans une magnifique forêt de pins, apparue après la zone des bambous. L'humidité ne semble pas être arrivée jusqu'ici : le sol est sec. C'est très étrange, un genre de

29. Panda roux, *Ailurus fulgens*.

microclimat… Le seul engin motorisé que j'ai croisé est un convoi de grands véhicules de l'armée et cela n'est pas pour me rassurer. Je ne peux que me poser cette question : que fait l'armée dans une réserve de pandas ? Et le plus étrange, c'est la connexion 4G que j'ai sur mon téléphone, alors que je suis loin de toute agglomération et dans les montagnes… Je dois être sur mes gardes, et en même temps je ne peux qu'accepter cette situation : il arrivera ce qu'il arrivera. Je dois donc impérativement lâcher prise et vivre l'instant présent, parce que plus je suis connectée à l'instant présent et plus je deviens intuitive… Et cette théorie n'en est plus une, le canyon me l'a prouvé et a été une révélation. J'ouvre une parenthèse et vous emmène là où j'ai vécu une expérience qui a changé ma vie…

Ce jour-là, j'ai débarqué dans un petit village traditionnel avec ses maisons passées à la chaux et ses toits de petites tuiles relevés aux quatre extrémités. Devant chaque maison trônent des mâts où sont accrochés des épis de maïs qui sèchent. Une famille de cochons à la peau noire cherche à manger dans les caniveaux, les pavés des rues sont polis par le temps et ma charrette sursaute. Je repère la petite fontaine d'eau de source du village : tout le monde dépend de ce point d'eau potable et j'y remplis tous mes réservoirs. Les gens me dévisagent et m'ignorent, comme à leur habitude, ce qui ne me dérange plus… L'endroit est magnifique, et cela fait très longtemps que je n'attends plus rien des Chinois. J'ai perdu tout espoir lorsque des enfants de cinq à sept ans m'ont jeté des pierres, la première fois. Ce rituel a continué tout au long de mon séjour en Chine, sauf dans les villages isolés de minorités ethniques très haut dans les montagnes. La propagande contre tout ce qui n'est pas chinois est très efficace. Les enfants eux-mêmes sont endoctrinés, et ils portent sur leurs visages tant de haine lorsqu'ils courent vers moi avec leurs gros cailloux dans leurs petites mains qu'un jour j'en ai eu marre de subir cette agression plus émotionnelle que réellement physique. J'ai sorti mon appareil photo et je les ai pris en flagrant délit. Tout s'est alors arrêté, ils ont déguerpi comme s'ils avaient vu le diable ; ici la délation est une manière comme une autre de communiquer, alors des preuves photographiques sont la pire des choses… Sauf que moi, je voulais simplement avoir la paix. C'est désormais chose faite.

« Si vous avez un problème que vous ne pouvez résoudre, il faut changer votre façon de voir les choses, il va falloir être créatif et le voir sous un autre angle. »

Je n'attends rien de ce pays, il a brisé mon cœur et mes rêves au plus profond de moi. J'y ai vu de mes propres yeux des humains traités comme des animaux, et autant vous dire que tous les animaux vivent ici en enfer, pendant que la nature, elle, meurt des conneries humaines qui lui sont infligées. Pour l'heure en tout cas, j'ai atteint un point où je veux juste sortir vivante de ce pays.

Et je ne pensais pas si bien dire…

Ce village a été construit à la limite de l'altitude possible pour des rizières. Il est encerclé de terrasses suspendues, et les nuages se mirent dans l'eau des rizières. Certaines de ces rizières défient la gravité semble-t-il, et par moments je me demande comment elles tiennent dans la pente, mais ces constructions ont été faites il y a bien des générations avec le savoir-faire des anciens. À quelques mètres de là, devant une maison, des buffles d'eau au repos mangent un tas de feuilles ; ils me regardent avec attention, naseaux dilatés, reniflant l'air pour mieux m'identifier. Je traverse la rue lorsque j'aperçois des gens agglutinés devant une maison. Je m'approche et m'engouffre dans l'entrée en suivant les locaux ; c'est un restaurant, ce que je soupçonnais. Les habitants savent, cela suffit ! Pas besoin d'enseigne qui raconte ce que tout le monde sait déjà, non ? Mon tour venu, je vais vers la patronne qui est debout, droite derrière le comptoir, et lui pointe du doigt ce que je veux manger. Puis je paie et m'assieds sur un tabouret vers la fenêtre où une planche a été fixée entre le mur et la porte d'entrée, et fait ainsi office de petite table-bar. Je ne regarde personne et personne ne me regarde directement, même s'ils savent tous que je suis là. Dans cette région très éloignée des routes d'accès, les gens n'ont certainement pas rencontré beaucoup de Blancs, et je ne quitte pas ma charrette des yeux pendant que les *slurp, slup, slurp* semblent monter d'un décibel à chaque bouchée. Ce peuple mange en gobant et en inspirant… Je ne touche rien, tout est imprégné de crasse, je ne pose même pas mon sac au sol, je le garde sur mon dos. J'attends…

Pendant ce temps, je scanne discrètement cette pièce qui fait office de restaurant. Moi, au premier coup d'œil, j'ai plutôt cru que c'était une boucherie : carrelage blanc mais souillé au sol et une sorte de revêtement blanc remontant sur les murs, néons violets au plafond. Par terre, mon regard s'arrête sur de grosses écuelles en métal remplies d'eau : dans quelques-unes, des poissons luttent pour leur vie, et dans la plus grande, de gros crapauds arrivent au bout de leurs forces. C'est l'heure de pointe apparemment. Les gens enjambent les écuelles qui sont sur le passage, entrent et sortent, dans un va-et-vient pas possible, mais dans tout ce brouhaha, un client plus pointilleux s'impatiente. Il est maintenant rouge de colère, pointant du doigt au chef de cuisine le batracien qu'il a choisi. Celui-ci lâche ses fourneaux, énervé, mais calme en apparence : cheveux gras dégoulinants, ventre bedonnant, tablier souillé, regard vitreux… Je regarde cette scène et je me prends à envoyer de l'amour à ces pauvres bêtes. Soudain l'homme à côté de moi se racle le fond de la gorge violemment. Par réflexe, je pousse mon tabouret à l'opposé, tandis qu'il continue sa pêche au mucus du pharynx, s'arrête deux secondes avant de projeter une glaire verdâtre gluante qui vient s'éclater contre le mur. Je ne respire plus, je ne bouge plus, je contemple le mur tapissé d'une série de crachats tous à la même hauteur… Mon regard continue de suivre les indices et je remarque que tous les murs en sont tapissés, toujours à la même hauteur. L'homme en question se retourne et secoue la tête en signe de grande satisfaction. Je baisse les yeux et le laisse passer. Je lutte avec moi-même ; je dois rester, je ne sais pas quand j'aurai accès à mon prochain repas chaud. J'avale mes *noodles* et sors au plus vite. Une fois dehors, je respire ! Mon Dieu ! Et moi qui croyais avoir tout vu… J'apprendrai plus tard que c'est la coutume de cracher contre les murs : cela confirme la satisfaction du client[30], figurez-vous ! Maintenant, on transpose cette scène dans le monde où l'on vit, et soudainement la vie dans ce village peut devenir très compliquée *(rires)*.

La force de l'intuition

Mes jambes vont bien plus vite que d'habitude ; les *noodles* étaient épicées à l'huile de piment du Sichuan, c'était bon et chaud, cela m'a fait du bien,

30. Maintenant on peut compter sur Tripadvisor, plus besoin de cracher sur les murs.

mais comme à chaque repas en Chine, je suis brûlée par la force du piment.

Les jours suivants, je m'introduis dans une vallée sauvage apparemment oubliée. En son centre, une rivière tumultueuse joue le rôle principal. Au fil des kilomètres, des formations rocheuses se sont présentées de chaque côté, d'une hauteur raisonnable. Mais au fur et à mesure que j'avançais, elles ont pris de l'altitude et à l'heure actuelle, elles forment une sorte de canyon. Je me sens prise au piège : à ma droite, la falaise me laisse seulement une centaine de mètres d'espace avant le mur, à ma gauche encore moins.

Je vais avancer dans ce canyon pendant trois jours, en accélérant le plus vite possible, je n'aime pas ça, je me sens oppressée : et si l'eau montait soudainement ? Je n'ai nulle part où me réfugier… Et si un caillou tombait ? Il me serait difficile de l'éviter… Au bout de trois jours, j'ai tout donné et ne suis toujours pas hors de ce canyon ! Et sans carte, je n'ai aucun moyen de savoir combien de jours il me faudra pour arriver au point où le passage s'ouvre sur une vallée. Je suis fatiguée, car en augmentant ma vitesse, j'ai aussi accumulé les kilomètres et tiré un maximum sur mes jambes et mon corps. Je monte donc mon camp en fin d'après-midi : mais j'ai beau tourner comme un chien sauvage pour trouver la meilleure place, il n'y en a pas ! Je n'aime pas ça, ce mur vertical est trop proche, je ronchonne… Je n'ai pourtant pas le choix, et je décide d'un emplacement pour ma tente. Mais c'est à contrecœur que je m'y installe, quelque chose cloche, je n'arrive pas à savoir quoi. Dès que la nuit tombe, je me glisse dans mon sac de couchage, non sans avoir au préalable fait ma tournée et, une fois encore, vérifié l'état de la rivière ; l'absence de lumière à proximité me confirme que personne ne se trouve dans les environs. Je mémorise toujours inconsciemment la mélodie du cours d'eau au bord duquel je dors, car s'il venait à changer et grossir, son refrain aussi changerait. Je serais ainsi avertie sans avoir besoin d'une confirmation visuelle et pourrais agir tout de suite. Parce que la règle d'or numéro un est : Ne jamais dormir vers un point d'eau – JAMAIS…

Le sommeil me gagne rapidement, mais vers les 2 heures du matin, je me réveille. Quelque chose ne me plaît pas. J'écoute : l'eau n'a pas changé de débit. Je n'aime pas cette sensation et même si je n'arrive pas poser le doigt sur le problème, je décide de partir. J'ai une boule au ventre et je ne veux pas savoir pourquoi… Dans la nuit, je range tout et repars jusqu'à ce que je me sente mieux. Je m'arrête un peu plus loin, je remonte le camp et me laisse tomber dans mon sac de couchage. J'ai bien perdu deux heures de sommeil. Soudain, pendant la nuit, je sursaute : le sol vient de trembler et un bruit sourd terrifiant résonne et rebondit sur la falaise d'en face en écho. Puis plus rien. Le silence. Assise, je sens l'adrénaline qui me traverse tout le corps ; j'ai un nœud dans la gorge. Je sors de ma tente et reviens sur mes pas dans la direction du bruit. J'attends un peu pour être sûre qu'il n'y aura pas d'autre éboulement, et à la lumière de ma lampe frontale, je balaie le décor : il ne me faut que quelques minutes pour découvrir un bloc de pierre de plusieurs tonnes qui s'est détaché de la falaise et qui a atterri exactement là où se trouvait ma tente, avant que je me déplace. Devant cette réalité si implacable, mes jambes sont fébriles d'un coup, elles tremblent et ne me portent plus. Je m'écroule sous mon poids, le souffle coupé. Seule dans la nuit au fin fond de la Chine, je réalise que je viens d'échapper à la mort. J'éteins ma lampe frontale, je veux juste que la nuit me prenne dans ses bras et me chuchote : « Ne t'inquiète pas, tout va bien. » Je reste ainsi en état de choc pendant quelques minutes en réalisant que ma vie aurait pu s'arrêter là, si bêtement.

Je comprends que ma survie dépend de ma capacité à « ressentir et agir » en utilisant mon corps comme outil de navigation. Il est une antenne, un guide, un filtre de vie. Sur le chemin du retour, l'adrénaline a désormais quitté mon corps, je suis lasse, vide… Je ne peux que murmurer dans la nuit, avec toute la gratitude du monde : « Merci, merci. »

« L'intuition est la somme d'analyses de dizaines de milliers de capteurs différents et subtils du corps et d'une dose de magie. Alors la dernière chose à faire est de demander

à l'intellect une explication logique à ce phénomène. Ne jamais ranger son intuition dans un coin en pensant que cela n'a aucun sens. »

Au fil de mes expéditions, j'ai réalisé que certains événements et leur finalité m'échappaient. Je pense à ce passage d'un sommet enneigé en Colombie-Britannique lors de ma traversée de l'Amérique du Nord en 2000. La montée était scabreuse à cause de la neige de printemps, mais c'était une face nord et la neige était fiable à mes yeux. Sauf qu'une fois que j'ai eu atteint le milieu de la pente, elle est partie en avalanche ! J'ai réussi à y échapper miraculeusement grâce à un rocher que je ne pouvais voir de ma position, mais qui s'est trouvé au bon endroit, après que je suis remontée de toutes mes forces quand j'ai compris que tout allait certainement lâcher… Et il y a eu beaucoup d'autres situations similaires, sans aucune explication logique… J'ai compris très tôt que j'étais accompagnée. Je vous parle de ce que l'on appelle plus communément « ange gardien ». Moi j'ai décidé de lui donner un nom que je garde pour moi et à chaque fois que la situation est potentiellement compliquée et dangereuse, je l'appelle par son nom et lui demande une coopération attentive. Notre divinité se manifeste sous bien des angles différents et nous avons à disposition toutes et tous du « petit personnel ». Vous allez me dire : Ah si seulement tu nous l'avais dit avant ! *(Rires.)*

Vivre sur cette planète, c'est comprendre notre vibration et celle du reste du vivant. Je parle de tout ce qui nous entoure : le végétal, le minéral, l'eau, l'air, mais avant tout ce qui se rapproche le plus de nous, le monde animal. Nous appartenons tous à des mondes différents, mais ce n'est pas parce que l'on ne parle pas la même langue qu'il doit y avoir une hiérarchie. Sans même mentionner que nous nous sommes mis, par convenance j'imagine, nous les humains, êtres suprêmes, au sommet ! Imaginez que vous ne pouvez pas parler allemand ; cela ne veut pas dire que les Allemands sont insignifiants ! Non, ils parlent juste une autre langue, c'est tout. Il en va de même avec tout ce qui fait partie de notre monde, et une chose est sûre, nous, les animaux, le végétal, l'eau, le vivant sous toutes ces formes, nous sommes tous reliés entre nous, et le langage qui nous relie, c'est l'amour. Essayez de crier sur votre plante d'appartement tous les jours pendant deux semaines et regardez ce qui se passe. Et les deux semaines suivantes, envoyez-lui un petit message d'amour tous les matins et regardez ce qui se passe… Faites vos expériences, soyez ouverts et attentifs à la vie autour de vous, la curiosité est votre outil de chercheur le plus performant. En réalité, nous sommes tous les heureux bénéficiaires de la connaissance du monde.

Les personnes qui t'empêchent d'aller de l'avant ce ne sont pas les autres ! Non, LA personne qui t'empêche d'avancer, c'est toi, avec ton attitude, c'est tout. L'humain est sans limite.

« On se comporte comme des prisonniers, alors que la porte est ouverte. »

On me demande souvent : « Alors comment ça marche ? Tu as une preuve ? » Mais toi… quand tu sautes dans ta voiture, est-ce que tu sais comment ça marche ? Es-tu un expert en mécanique ? Quand tu prends l'avion, est-ce que tu maîtrises la navigation aérienne et le pilotage ? Non, et en réalité la plupart d'entre nous n'y connaissent strictement rien, et on fait confiance à ces moyens de transport les yeux fermés.

« Redéfinis ta vie, la vision de ton environnement, tes rêves, donne de la lumière et de la grandeur à ton existence et crois à la magie dans ta vie. »

Moi je te demande d'avoir confiance en toi, en l'univers, en la beauté de ce monde, mais avant tout en la valeur de la vie sous toutes ses formes. Je ne pense pas que la suite de notre évolution sera physique. On ne va pas se voir pousser des ailes parce que le trafic au sol devient insupportable *(rires)*, non, non… J'aime à penser que l'évolution de l'humanité nous rendra capables de vivre avec une conscience universelle, liée au tout et connectée à l'instant présent.

Comment savoir ce qui est bon pour nous ?

J'ai souvent beaucoup de mal, je vis dangereusement, je subis. La douleur physique et mentale fait partie de mes expéditions. Mais je suis aussi beaucoup aidée : par des gens que je ne connais pas, par les animaux, les fleurs, la mélodie de l'eau, les rochers, les sourires déposés là rien que pour moi, et la Chine n'a pas fait exception à la règle. Malgré la situation, les femmes rencontrées sur ma route ont tissé avec moi une sorte de lien indestructible, constitué un club secret dont je ne connaissais pas l'existence jusqu'alors. Peu importait la situation, les femmes jeunes ou âgées sauvaient la face, agissant comme la société veut qu'elles agissent face à une étrangère, mais une fois le théâtre terminé, ces mêmes femmes m'invitaient discrètement, me donnaient un bol de riz et un thé chaud, accompagnés de sourires et de regards qui valaient mille mots. Elles m'ont montré qu'un lien invisible nous liait toutes entre nous au-delà des mots et au-delà de la culture. J'ai découvert un monde où les femmes s'entraident. Cela a commencé en Sibérie où les babouchkas me grondaient – « Comment peut-on venir toute seule dans ces régions isolées ? » – mais toujours avec le sourire et une tonne de complicité. Puis en Mongolie, où quand elles le pouvaient elles me nourrissaient discrètement… Et cet amour de mes sœurs de cœur sera présent dans toute l'Asie. Elles m'ont montré que nous étions toutes liées.

Cette magnifique leçon de vie m'a fait découvrir la force des femmes lorsqu'elles se mettent ensemble. Certains hommes (pour ne pas faire de généralités ici) nous rabaissent depuis des siècles, non pas parce que nous sommes plus faibles, mais parce qu'ils sentent inconsciemment la force et l'amour indestructible qu'il y a en nous… Et lorsque dans la nature il n'y a pas un équilibre harmonieux entre les éléments, les femmes s'arrangent pour que cela change. J'ai comme la sensation que le temps est arrivé où les forces vont s'équilibrer autrement. Quand on jette une pierre dans l'eau, cela crée une réaction en chaîne difficile à évaluer.[31]

J'ai un rêve fou, qui est que toutes mes sœurs se serrent les coudes, que nous tissions cette toile de *sisterhood* où, peu importe où nous sommes sur cette planète, dans quel milieu nous évoluons, nous nous soutenons avec la force qui nous qualifie depuis le début de l'humanité et, au-delà, la force de la vie que nous portons en nous. Parce que figurez-vous

31. À l'heure où j'écris ces lignes, certains États des États-Unis ont interdit l'avortement et ce fait est à mes yeux historique. Pas pour sa stupidité, non… mais parce qu'il a réveillé toutes les guerrières de cette planète. Comme dit ma sage mère, là ils ont poussé le bouchon trop loin, ce qui suivra est inévitable… Bas les pattes !

que la moitié de la population mondiale est de sexe féminin, alors osons croire à la force de ces 50 % où les femmes se serrent les coudes et s'aident naturellement pour atteindre leurs objectifs.

Cela dit, il y a aussi dans le monde féminin des petits démons déguisés en vieilles femmes. Je n'en avais jamais rencontré jusqu'à ce col, à plus de 2 500 mètres d'altitude, où j'arrive dégoulinante de sueur et tirant ma charrette derrière moi. Le sentier qui, d'en haut, ressemble à un spaghetti, n'a pas cessé de zigzaguer plus je gagnais de l'altitude. Au col, je me retourne, le vent me félicite ; j'admire le paysage avec un goût de satisfaction dans la bouche que seul le marcheur connaît. Mais alors que je reprends ma charrette en main, des femmes devant une baraque m'interpellent. Parmi elles, une grand-mère qui semble être la meneuse. Je suis très contente d'être sur ce replat, et sans aucune méfiance, je m'approche du groupe. Elles m'invitent à entrer, ce que je fais avec le sourire, et je m'assieds sur un petit tabouret en plastique qu'on me présente comme étant ma place. Une des femmes revient avec une théière et un petit bol. J'ai le thé en main quand la vieille me fait signe de venir voir quelque chose dans la pièce d'à côté. L'ambiance est bon enfant, ces femmes me regardent comme toutes les autres femmes l'ont fait jusque-là, avec gentillesse. Donc j'obtempère, je suis la vieille qui marche très mal et qui me fait passer en premier dans la pièce.

Je suis à peine entrée qu'elle ferme la porte derrière moi ! Et j'entends le bruit d'un verrou qu'on ferme. Je n'en crois pas mes yeux et comprends aussitôt l'urgence de ma situation. Je n'ai aucun besoin de savoir quelles sont leurs motivations, je dois juste sortir d'ici. Je tape contre la porte de toutes mes forces et commence à la défoncer à coups d'épaule, faisant trembler son cadre. Dans le même élan, je les traite de tous les noms. Là je suis hors de moi. Derrière, elles comprennent que la porte ne tiendra pas, et que je ne suis pas du genre à me laisser faire. Elles changent donc d'avis et m'ouvrent. Toutes font alors semblant d'être occupées, comme si rien de toute cette scène ne s'était passé ! Pendant que la vieille me regarde dans les yeux, je lui hurle dessus et la pousse pour sortir. Je vocifère des insultes en leur montrant mon poing ; j'ai l'adrénaline qui pompe dans mes veines. Après, je me retourne et prends une photo de ce village, de ces gens, on ne sait jamais… Et puis je dévale la pente qui redescend de l'autre côté. Maintenant j'ai un autre problème : il va me falloir passer inaperçue.

Plus tard, j'apprendrai que les deux plus grands dangers qui me guettaient dans cette région de Chine étaient la traite des Blanches et, surtout, le vol d'organes, courant dans ces campagnes. On retrouve souvent les gens dans un fossé, avec un rein en moins…

Sans vraiment comprendre ce qui m'arrivait, j'avais tout de suite parfaitement saisi le danger. Et là c'est chaque seconde qui compte…

Je n'aurai aucun répit en Chine. Les mésaventures ne s'arrêteront pas[32]. Et la fin sera du même goût. Ainsi, un jour, sur une petite route de montagne désertique et humide, des voitures noires aux vitres teintées et d'autres véhicules de l'armée me dépassent pour mieux me bloquer la route. Des hommes en uniforme et d'autres avec des vestes en cuir noir déboulent simultanément des véhicules. On me hurle dessus. Je ne comprends rien, me mets de côté, pose tout doucement ma charrette. Quelque chose ne colle pas… Cette mascarade ressemble à une production hollywoodienne. Mais une chose est presque certaine, ils n'ont pas déplacé tout ce petit monde rien que pour moi ! Un homme plus âgé avec des lunettes noires arrive à prononcer le mot « passeport ». Je le lui donne et il me le confisque. La scène dure des heures, je reste dans mon coin, je ne bouge pas, j'observe, ils s'agitent comme des fourmis, je ne regarde personne, j'essaie de me faire oublier. Je finis par avoir soif et, tout doucement, je fais un mouvement en direction de ma charrette pour y prendre mon thermos. Mon geste fait sursauter mon garde qui n'a pas encore de poils au menton et le voilà qui se met à me hurler dessus (ce n'est vraiment pas beau un Chinois qui hurle, pensé-je…). Devant cette agitation, le chef

32. Voir *Sauvage par nature*, éditions Michel Lafon, 2014.

sort de son véhicule et vient voir ce qui se passe. Il est calme, lui. Il me considère avec indifférence, mon passeport à la main comme pour dire : on fait quoi d'elle ?

Je lève brièvement les yeux et lui retire mon document des mains d'un mouvement sec, puis tout doucement, au ralenti, je me plie en deux en leur tournant le dos pour récupérer ma charrette. J'entends derrière moi mon garde crier. Je ne change pas d'avis, « Au moins j'aurai tenté ma chance », me dis-je… Et sans me retourner, je m'éloigne comme un escargot encore endormi, revenant sur mes pas. Je me souviens d'avoir croisé un village quelques kilomètres avant que n'arrive ce bordel… J'ai la peur au ventre : soit il me tire dessus, soit il me laisse partir ! À chaque pas que je fais, je respire un peu mieux, ils ne me poursuivront pas… Où pourrais-je bien m'enfuir à cette vitesse ? Je passerai la nuit dans ce village. Je ne veux pas être accusée de délit de fuite, non, je suis ici et j'attends. Le lendemain matin, je reçois la nouvelle de mon expulsion du pays : j'ai cinq jours pour passer la frontière, la chinoise, pas la tibétaine…

– 12 –

LE TAUREAU ET L'ENFANT

Mongolie 2010, expédition de 3 ans de Sibérie en Australie

Ce jour-là, mes pieds ont déjà bien marché, et vite, et cela dès les premiers rayons du soleil. Je chantonne et à l'instant m'amuse avec les chèvres aux cornes bleutées que j'ai rencontrées dans cette plaine qui s'offre à moi. Je leur parle, elles s'arrêtent et m'écoutent religieusement. Dès que ma voix cesse, elles font demi-tour, laissant apparaître de petits arrière-trains pigmentés de brun noisette, de blanc cassé et de noir violacé. Soudain, la vague subit une incursion et se sépare en deux, laissant passer le mâle à la longue barbichette qui arrive et se présente à moi en émettant un son guttural, fier et imposant. Il me fait face avec assurance. Sa voix semble sortir de ses entrailles. Ces béguètements s'apparentent un peu au langage des Mongols rencontrés dans ces plaines immenses, pensé-je. Son petit manège m'amuse beaucoup, mais par peur de trop le déranger, je continue mon chemin tout en jetant un coup d'œil en arrière. Le dominant n'a pas bougé, le torse en avant, il ne me quitte pas du regard, son œil noir ne me lâche pas.

Mes pieds sont en harmonie entre eux ce matin, ils avancent, mangent du kilomètre facile, laissant du temps à mes yeux pour apprécier le décor qui m'entoure. Rien n'est jamais semblable, tout demande une nouvelle paire d'yeux pour redécouvrir, jour après jour, les différents verts qui composent les steppes. Et puis, comme à chacune de ses visites quotidiennes, l'aigle vient tournoyer un peu plus près. Comme s'il voulait en avoir le cœur net : oui, elle marche, et seule. C'est en fait la même question que se posent tous les gens que j'ai rencontrés ici. Certains ont même dit que je devais être très pauvre, vu que je ne pouvais même pas me payer un cheval ou un chameau…

Je ne les comprends guère, ces Mongols. Pourtant j'essaie de tout mon cœur. J'émets les mêmes sons qu'eux pour me faire comprendre. J'utilise aussi mes grands yeux, qui d'ailleurs leur font très peur. Je rigole beaucoup avec les enfants. Un jour, une petite fille avec des pommettes rouges, au visage de lune typique, m'a pris les joues entre ses deux mains pour m'étudier…

Après un long silence, qu'elle a prolongé à sa convenance, elle finit par lâcher : « Tu as de très grands yeux, tu sais ? »

Pour lui répondre à ma manière et la faire rire, je les ouvre alors encore plus grand. Elle s'empresse de m'imiter et tente sans succès d'ouvrir les siens… Les deux petites fentes qui laissent deviner ses prunelles sont parfaitement adaptées à la luminosité intense et à l'horizontalité de ces paysages sans frontière et sans obstacle, où le vent court aussi vite qu'il le peut.

Leur langue est très éloignée de mes repères linguistiques latins, mais j'arrive à en apprécier certains enchaînements de débutant comme « *za, za* » qui veut dire « oui, oui » . Cela peut aussi mettre un terme à une action ou une rencontre. Un mot que j'adore utiliser et qui fait rire mes interlocuteurs quand il sort de ma bouche… Je finirai avec le temps, et à ma troisième tentative de traverser ce pays, par pouvoir parler le mongol. Et pourtant ils sont toujours surpris de m'entendre baragouiner leur langue.

Une infection dentaire, un hiver impitoyable et bien des agressions plus tard m'ont vue réussir la traversée complète de ce pays si surprenant !

« Abandonner n'a jamais été une option. »

J'ai dû m'y reprendre à trois fois pour traverser le désert du Gobi mais j'y suis arrivée.

Le soleil brille, chauffe si bien que je rôtis sur place. Je repère un pont avec mes lunettes d'approche, lieu précieux de protection et de sécurité où souvent je me cache, et qui, dans ce cas précis, va m'abriter de ce soleil qui brûle. Un pont m'a toujours semblé être un ami. Il relie, aide au passage. Mes pieds aussi l'ont vu, je presse le pas et aussitôt arrivée, je me glisse discrètement sous son ventre en faisant attention à ce que personne ne m'observe. Ma charrette avance toute seule dans la pente dangereusement inclinée qui donne accès à l'ombre sous le pont. Mais voilà que je me retrouve nez à nez avec une cinquantaine de chevaux collés les uns aux autres, positionnés tête queue, tête queue… Cela me fait penser aux Mongols dans leurs yourtes.

Ils sont calmes malgré les gros taons occupés à leur ponctionner le sang, comme le faisaient les soldats de Gengis Khan. Ils partaient chacun avec cinq chevaux et survivaient, entre autres, grâce au sang de leurs montures. Les conquistadors feront de même lors des longues traversées des zones arides ou désertiques d'Amérique du Sud, utilisant les mêmes techniques de ponction avec une petite pipette… Je ne sais combien de temps les chevaux tenaient le coup mais pas très longtemps j'imagine, parce qu'un cheval doit boire autant que nous, proportionnellement à son poids.

Quoi qu'il en soit, je ne peux pas m'installer sous ce pont avec tous ces chevaux. Le thermomètre monte jusqu'à 36 degrés. Sans ombre à des kilomètres à la ronde, je décide de me créer ma propre ombre à l'aide de mon précieux parapluie. Je m'installe au bord d'un ruisseau, m'empresse d'enlever mes chaussures et trempe mes pieds dans cette eau peu avenante, chargée de détritus, de déjections et de je ne sais quoi d'autre… Peu importe sa couleur, partout l'eau a une parole, elle raconte son histoire, son chemin, et c'est pour ça que je suis là, je veux savoir, expérimenter, écouter. Je laisse mes pieds s'amuser avec l'eau et assez de temps à mes oreilles pour mémoriser son histoire. À ma droite, mon panneau solaire boit ce soleil qui brille pendant que je m'en protège.

Je me sens bien, allongée contre mon sac à dos. Je laisse la vie autour de moi s'écouler, je ne bouge pas, j'observe… Brusquement, du bétail surgit par rafales : il avance précipitamment jusqu'à l'eau, et les truffes humides plongent dans ce liquide précieux suffisamment profond, tandis que les naseaux restent à l'air libre pour respirer. Après s'être désaltérés, les bovidés relèvent un à un la tête et commencent à s'asperger, ils s'amusent avec l'eau qui arrive à peine à leurs chevilles. Les petits veaux se poursuivent en passant sous le ventre des adultes, éclaboussant toute la communauté. Les heures s'écoulent, les bêtes m'ont assimilée au décor et se rapprochent de moi naturellement, allant jusqu'à moins d'un mètre de mon baluchon. Soudain, un beuglement puissant et répété se fait entendre derrière moi. Mon imagination aussitôt se met à évaluer la grandeur de ce monstre qui hurle sa dominance. Je me retourne doucement, toujours camouflée sous mon parapluie ; j'ai maintenant dans mon champ de vision l'animal, qui s'approche… C'est une montagne. Ses muscles saillants sont impressionnants, sa grande taille insolite ajoute une touche non négligeable à son entrée très réussie. Et pourtant le bétail à ma droite ne bronche pas, il l'ignore. Ce qui m'indique qu'il le connaît. Une réaction très mongole, pensé-je : si tu ne sais comment réagir, fais comme si tout était normal, ignore et garde la face ! Je reste bouche ouverte, en totale admiration devant cet animal qui semble venu d'un autre monde. Ce qui m'interpelle le plus, c'est sa couleur : il est d'un blanc immaculé, son poil est si court qu'il semble nu, tous muscles saillants. Je ne bouge pas. Le taureau est maintenant à une quinzaine de mètres de ma position. Immobile sous mon parapluie, je ne le quitte pas du regard, prête à bondir dans la seconde… Mais pour aller où ?

C'est alors qu'un petit être haut comme trois pommes fait son apparition, marchant nonchalamment, comme tous ses ancêtres avant lui… Habillé du vêtement traditionnel mongol, le gamin de peut-être six ou sept ans s'approche du taureau, s'arrête à distance et croise les bras. Il laisse le monstre que j'appellerai « M. Hulk » renifler encore un peu le derrière de ces dames, puis se penche pour ramasser une longe que je n'avais pas vue. Elle est longue et reliée à un anneau incrusté dans les narines de la bête certainement peu de temps après sa naissance. Sans un mot, l'enfant repart dans la direction opposée au troupeau, l'attache négligemment posée sur son épaule, et aussi inattendu que cela paraisse, cette masse de muscles se met à suivre l'enfant tel un chien docile, sans désobéir aux ordres silencieux de son maître.

Bouche bée, je regarde cette scène qui me semble casser tous les codes avec lesquels mon imagination voit les choses. Environ 400 mètres plus loin, le petit gardien s'accroupit dans l'herbe verte, tandis que la bête reste là, pensive, calme et immobile. C'est la dernière image que je verrai avant de m'endormir, le son du ruisseau m'a encore une fois emportée en me racontant sa légende, et mon corps se repose enfin.

Sans repère de temps, je me réveille en sursaut. Le soleil est toujours là, juste un peu plus bas qu'auparavant. Ma première réaction est de chercher des yeux le taureau et l'enfant, sans succès. Je me mets alors en position assise, encore ensommeillée : maintenant je les aperçois mais je dois cligner des yeux plusieurs fois avant de comprendre !

Le taureau blanc est couché dans l'herbe, qui paraît si verte en contraste avec sa cuirasse blanche, les pattes repliées sous lui comme un chien. J'ai ainsi la vue sur son corps impressionnant : sa colonne vertébrale est dessinée, il est en boule si je puis dire, et vu sa masse musculaire, il penche légèrement sur le côté. Installé au centre, l'enfant s'est blotti contre « la bête », utilisant sa cuisse arrière comme oreiller. Le gamin songeur, les yeux fermés, câline l'animal de sa main, le visage face au soleil…

La magie est là, dans cette scène, l'instant s'arrête, mon cœur sourit…

Mon espoir d'harmonie entre l'homme et la nature trouve tout son sens à ce moment précis ! Oui, c'est possible !

Cette scène me marquera à jamais. Peu importe les atrocités que les humains commettront dans le futur, je me souviendrai toujours de cette scène-là.

– 13 –

EXPLORATRICE

On a l'habitude de définir les gens par leur profession. Eh bien moi, je ne suis pas devenue exploratrice, je suis *née* exploratrice. Et j'ai fait tout ce qui était en mon pouvoir pour le rester. Voici comment cela s'est passé…

Tout a commencé au fin fond du Jura suisse dans un petit village d'environ cinq cents habitants, un village ni beau ni moche, mais c'est le mien, voilà tout. Ici, tout le monde se connaît et les vieux m'identifiaient en disant : « C'est la petite de… » Enfant, lorsque j'allais à l'épicerie du village pour ma maman, la dépense était marquée sur le carnet de la famille, et les courses étaient réglées à la fin du mois. Chaque soir, à tour de rôle, on allait chercher du lait à la laiterie avec le bidon de lait en aluminium qu'on devait remplir et ramener sans en avoir laissé tomber une goutte. Là encore, on payait avec des jetons à lait. On habitait tout en haut d'une rue en pente, ce trajet faisait partie de mon monde, j'en connaissais chaque recoin, et pourtant j'y découvrais des choses nouvelles à chaque passage.

« Dans notre vie, on fait face chaque jour à des choix, certains sont des micro-choix, d'autres vont vous emmener sur un tout autre chemin de vie, cela ne dépend que de vous. »

Lorsque mes deux frères réparaient un vélomoteur dans le garage, eh bien moi, je bêchais le jardin, et lorsqu'ils s'amusaient avec leurs potes, moi je passais du temps avec mes animaux, lapins, poules, moutons, canards…

En bas de chez nous, il y avait une sorte de cabanon qui faisait office de poulailler, des arbres fruitiers et un immense jardin qui nourrissait toute la famille. C'était là où j'avais mon monde, où je me sentais bien. J'y passais la plupart de mon temps, mais les vendredis après-midi après l'école, on me trouvait en train de nettoyer la maison des poules, un racloir en main, des bottes en caoutchouc aux pieds et une grosse seille en métal à côté de moi.

Un boulot ingrat ; l'odeur d'urée fermentée est intenable, mais j'étais contente de nettoyer leur petite maison et d'y mettre de la paille fraîche pour qu'elles pondent dans de jolis nids tout propres. J'avais mes cinq poules naines à moi qui pondaient des œufs inutiles selon mon père. Il en fallait trois pour l'équivalent d'un œuf normal. Puis il y avait la livraison des poussins : une fois par année on les recevait dans des cartons et ils passaient les premières heures et les premiers jours de leur vie sous une lampe d'incubateur pour être au chaud, puis on leur donnait de l'aliment pour poulet afin qu'ils grandissent vite et qu'on puisse vite les tuer, quel triste destin… On en avait une soixantaine. Ces magnifiques petits poussins jaunes tenaient chacun dans une main. Je savais qu'ils allaient être la pièce de résistance de nos repas dominicaux à venir et être transformés en ce fameux poulet à la sauge. Et pour une raison étrange, peut-être parce que c'était ainsi, je faisais ce qu'il y avait à faire.

Pas plus tard qu'hier, j'ai eu une conversation téléphonique avec une connaissance qui souffre encore des suites d'une blessure, et moi je lui conseillais de s'arrêter un peu pour récupérer. Lui me répondit :

– Je ne m'arrête jamais, je continue, peu importe.

À ce moment précis, une image mentale s'est imposée à moi, et je me suis mise à rigoler en la lui expliquant :

– Comme un ver de terre quand il est accidentellement coupé en deux et que les deux bouts continuent de vivre indépendamment ?

– Plutôt comme une poule dont on a coupé la tête et qui continue à marcher…

Ces mots me plongèrent instantanément dans mon enfance.

– Eh bien, elle ne va pas aller loin une fois sa tête coupée, crois-moi. Je vois que cela ne t'est jamais arrivé de tuer une poule !

– Ah non ! Tu es folle ? Et je n'en ai pas l'intention…

J'ai non seulement vu grandir ces poussins, mais je les ai nourris. Puis le moment venu, lorsqu'ils étaient assez gros, toute la famille se mettait sur une ligne. Le premier en poste l'attrapait, et l'étourdissait en le tournant avec de grands mouvements, tout en serrant ses pauvres pattes dans sa main ; le deuxième lui tranchait le cou avec une hache, sur une grosse souche d'arbre (les cous de poulet étaient récupérés pour qu'on puisse les manger) ; un autre le plongeait dans l'eau chaude et le plumait, le suivant lui sortait les organes et le dernier retirait à la pince à épiler les dernières plumes avant le bain d'eau bouillante… Je vous épargne la façon dont on procédait pour le reste, les produits de la chasse et de la pêche.

Les animaux étaient mon monde, mais je n'avais pas encore fait la connexion entre mon assiette et la vie, au plus profond de mon cœur. Pourtant en tant qu'enfant, je trouvais les humains désespérément peu surprenants ou inspirants : rien autour de moi ne l'était et tout l'était à sa façon dans le monde sobre dans lequel j'évoluais.

Mais consciemment, j'étais sûre qu'il y avait bien d'autres mondes que le mien, alors je cherchais… J'avais trouvé dans l'effort une profonde satisfaction : le goût qui s'en dégageait m'interpellait, mes longues sorties en forêt avec mes frères ne m'épuisaient jamais, j'en voulais toujours plus… Je suis devenue végétarienne le jour où, alors que j'étais à table, j'ai compris que je mangeais une saucisse faite avec mon mouton préféré, la Moumou. J'ai laissé retomber la saucisse dans mon assiette, terrifiée : je venais de comprendre le lien… Depuis ce jour, j'ai refusé de manger de la viande, et entamé un long questionnement sur la vie et sa valeur, par rapport à celles des animaux. Notre chatte Fifi était la seule à pouvoir comprendre mes interrogations et, il faut le dire, la plupart du temps elle était d'accord avec moi…

Je m'interrogeais aussi sur ce que ma maman avait découvert, elle qui n'était jamais très loin d'un livre : chaque seconde de libre, elle la passait le nez dans un bouquin. Peut-être que des réponses à mes questions pouvaient s'y trouver, dans ces fameux bouquins ? C'est ainsi qu'elle m'invita sans le savoir, par l'exemple, à suivre son chemin. C'est ainsi que j'ai découvert la magie des livres avec tous leurs mondes différents, cela sans bouger de ma chambre…

Merci aux explorateurs qui ont pris la peine d'écrire, à Bernard Moitessier, Jack London, Ella Maillart, Alain Bombard, Jéromine Pasteur, Nicole Viloteau, Théodore Monod, Bruce Chatwin et tant d'autres.

Voyez-vous, il y a plein de façons d'explorer, et tous ces gens, à leur manière, ont vécu leur passion à une échelle sans limite.

Je suis partie très tôt de mon nid douillet, trop étroit à mon goût, et les dix années suivantes, je les ai passées à marcher, encore et encore. J'ai aussi un peu voyagé, presque sans rien, mais toujours avec intensité, et puis il y a eu ma première fois : la traversée de l'Amérique du Nord à pied en quatre mois et six jours, sans vraiment parler anglais et sans aucun contact sur place, seule. J'ai commencé à marcher depuis la frontière américano-canadienne. Ce trek a un nom, il s'appelle le Pacific Crest Trail, et nous sommes en 2000… Il a éveillé à l'intérieur de moi une force que je n'ai jamais pu ignorer par la suite. J'ai parcouru des terres infestées d'ours, traversé un désert (celui du Mojave) en été, rencontré, cela malgré moi, ce qu'on appelle « des mules », ces passeurs de drogue (à la frontière du Mexique, tout au sud), échappé à un incendie de forêt, fait connaissance avec les serpents à sonnette, les coyotes et les lions des montagnes, et avant tout, j'ai compris ce que je savais inconsciemment depuis longtemps : c'était ce pour quoi j'étais faite ! Ma vie, je voulais la passer à explorer, repousser des limites et découvrir de nouvelles frontières. Comment allais-je m'y prendre ? Je n'en avais strictement aucune idée !

Il n'y a pas d'école pour ça, pas de cours, et il n'y avait même pas d'exemple proche qui m'aurait permis de me projeter. Dans ma famille ou mon entourage, personne n'était sportif, ex-militaire, scientifique de terrain ou simple randonneur inspiré, rien de tout cela ! Surtout je n'avais aucun oncle ou proche disposant d'une fortune qu'il aurait pu investir dans mon futur si prometteur *(rires)*… Personne, sauf mon petit frère Joël, qui lui aussi avait pris son bâton de pèlerin. Mais lui, ce sont la mer et les sports aquatiques qu'il a expérimentés, et c'est ainsi que nos vies ne se sont pas croisées pendant longtemps. Un jour pourtant, on s'est retrouvés au même endroit, et depuis ce jour on a fait un bon bout de route ensemble. Sans le vouloir vraiment *(rires)*, mon frère est devenu mon chef d'expédition pendant plus de huit ans. Aujourd'hui, quand il en a envie, il raconte des bribes de nos aventures à ses enfants. Ceux-ci sont encore jeunes, mais j'imagine qu'un jour, peut-être, ils n'auront qu'à regarder papa, maman et tata pour avoir, eux, des exemples vivants devant les yeux…

Comment devient-on exploratrice ?

Eh bien, si l'on prend mes collègues actuels masculins, ils ont à peu près tous une première vie dans l'armée, ou sont d'anciens sportifs professionnels. Cette vie-là terminée, ils utilisent leurs connaissances pour devenir explorateurs.

Mais il y a aussi un autre chemin, celui que j'ai pris et que tant de gens avant moi ont pris, apprenant tout sur le terrain au péril de leur vie. Ces personnes-là prennent ensuite des mois et des mois pour écrire leurs livres, et ils et elles sont devenus des passeurs d'expériences. Plus communément appelés *storytellers* en anglais. Pour ce deuxième type, tout va plus lentement, mais c'est le sens qui importe, la magie qui importe, puis les mots… Il n'y a pas de bonne voie. Il y a « chacun sa voie ». Et certainement qu'il existe d'autres possibilités qu'aucun d'entre nous n'a encore trouvées.

***« Fonce si tu sens le vent souffler en toi,
pars à la rencontre de ta destinée,
parce que tu es le seul ou la seule responsable
de ce qui t'arrive. »***

Un collègue explorateur d'Europe de l'Est ayant accompli une traversée incroyable en canoë, je crois (je ne me souviens plus de son nom ni du parcours), a ainsi répondu à une journaliste qui lui posait la question : « Un explorateur ça sert à quoi ? » (Elle regardait cet homme qui avait passé la soixantaine, épuisé par l'effort, avec détachement.) « Mon Dieu, a-t-il dit, si vous vous posez la question, c'est qu'il n'y en a pas assez, on a besoin de plus de gens qui ouvrent d'autres portes, qui posent d'autres questions sur l'existence et ses limites… » Un explorateur, c'est ça qu'il fait : il ouvre la voie.

– 14 –

LE GOBI

Expédition de 3 ans de Sibérie en Australie

Nord du désert du Gobi

Il fait plus de 40 degrés, le sol est mou, mes pas et les pneus de ma charrette s'enfoncent. Et je suis suivie… J'ai changé de direction plusieurs fois, mes poursuivants sont toujours à mes trousses, ils doivent bêtement suivre mes traces. Le vent a encore forci, le sable virevolte de partout, la visibilité est mauvaise. La fin de journée arrive, je suis fatiguée, j'aimerais tant poser le camp, mais je vais devoir semer mes poursuivants avant. Sans protection apparente tels un rocher, une dune plus haute, une formation de sable dur, je ne vais pas pouvoir me cacher. Pour faire face à cette situation, je décide de m'arrêter. Je dépose mes affaires et sors mes lunettes d'approche pour faire un point sur la situation : je ne peux que conclure qu'ils se rapprochent, ils sont deux. Tant mieux, comme cela, cette situation sera réglée une fois pour toutes, pensé-je. Je ne supporte que très mal d'être la souris dans cette histoire. J'ai à peine le temps de ranger mes précieuses lunettes et de me désaltérer que les deux chevaux et leurs propriétaires apparaissent soudain devant moi, ils ont dû piquer un galop. Je range ma gourde très doucement ; de derrière mes lunettes de soleil, je les observe et ne montre aucune émotion, mais maintenant je sais à qui j'ai affaire… Et ce n'est pas une bonne nouvelle. Ce sont les deux gros Mongols saouls du dernier village que j'ai traversé, je les reconnais. J'avais déposé mon sac pour demander de l'eau, j'ai tourné le dos quelques instants mais cela leur a suffi : je les ai surpris en train de fouiller dans mon sac, l'un avait déjà mon GPS à la main. Ils arrivent maintenant à ma hauteur, mon pouls s'accélère, puis ils s'en vont aussitôt sans un mot. Étrange. Je les regarde s'éloigner de quelques dizaines de mètres et faire brusquement demi-tour pour foncer sur moi aussi vite que possible avec leurs chevaux. Je les évite de justesse. J'arrive à baisser la tête à temps, un de ces grossiers personnages a une bouteille de vodka dans la main et en gesticulant manque de me la fracasser sur le crâne. Je l'insulte en français. Le vent forcit encore. Je suis maintenant énervée, eux rigolent et semblent ne pas vouloir arrêter ce petit jeu. Il est temps de mettre fin à ce statut de victime. Je me calme et les scrute comme si un détail m'avait échappé depuis le début. En accompagnant ma respiration, je me connecte à l'instant présent et absorbe ce magnifique désert. Cette situation est complexe et innocente à la fois, mais elle peut à tout moment dégénérer. Est-ce que j'ai peur ? Pas vraiment. L'action s'occupe de moi en ouvrant chaque petit micromillimètre de capteur capable de récolter des informations importantes ; cela va de l'odorat à ma capacité de sentir le vent en passant par la perception de leurs vibrations, du comportement des chevaux, de l'intention du vent… Tout sauf les mots qui ne servent pas à grand-chose dans ces cas-là. Par contre, je suis furieuse. Il y a des choses que je ne supporte pas : qu'on me vole ma nourriture, qu'on touche aux faibles et à ceux qui n'ont pas de voix. Les gros trolls qui empêchent les autres de vivre, je ne les tolère pas. Ces deux gars font partie de cette catégorie, et ils ont réveillé la guerrière en moi. Je les observe comme une chasseuse ; sans le savoir, ils sont devenus mes proies. Je ne manque aucun détail de cette scène. Tout va très vite mais à l'intérieur de moi, tout va au ralenti et je me répète en boucle : « Attends, attends, attends… » Et lorsqu'ils se ramènent pour perpétrer à nouveau une de leurs accélérations, un coup de vent vient se glisser entre eux et moi et soulève du sable. Je viens de trouver ce que je cherchais : une « fenêtre ». Ma petite voix intérieure crie : « Maintenant ! »

Je passe à l'action et me jette, les bras en l'air comme une écervelée, contre les chevaux en hurlant de toutes mes forces. Ceux-ci, surpris, se cabrent en soulevant encore plus de poussière, surprenant les deux Mongols qui dans ce chaos ne comprennent pas grand-chose et perdent l'équilibre. Ils évitent la chute de justesse. L'adrénaline coule désormais dans mes veines et je laisse échapper un cri de guerrière ; ma force est similaire à ce vent imprévisible. Les rênes très courtes cette fois, ils tirent leurs montures de côté pour les forcer à faire demi-tour et s'éloignent comme les deux bons à rien qu'ils sont, au trot... Je ne perds pas une seconde, jette mon sac sur mon dos, relève ma charrette et, avant de m'élancer dans la direction opposée, me retourne une dernière fois. Je distingue à peine les deux silhouettes disproportionnées par rapport à leurs petites montures. Je souris, regarde devant moi ce qui m'attend et lance un « Merci, merci » que le vent emporte aussitôt. Je remonte ensuite la protection qui couvre la totalité de mon visage, et tête baissée, je reprends mon pas. La mauvaise visibilité me protège. Je souris : les éléments sont de mon côté et effaceront nos traces, me rendant invisible. Mais je ne peux poser mon camp maintenant, il faut m'éloigner. Un abri d'hiver pour les chevaux apparaît au milieu de nulle part sur mon chemin. C'est une aubaine et, pourtant, une invitation trop évidente : je privilégie ma survie à la solution de facilité et je continue encore pendant des heures avant de m'arrêter. Si ces deux personnages sont revanchards, ils reviendront, cette fois sobres, donc ce soir ce sera sans lampe et le plus loin possible.

La tempête de sable a effacé mes traces de pas et de charrette, je suis confiante, je peux enfin poser mon campement, je m'écroule et m'endors après avoir grignoté un *bolzak*, un de ces biscuits mongols durs et sans goût. Je me suis abstenue d'allumer mon réchaud que ce soit pour un thé ou pour un repas. Je dois passer inaperçue, ici on n'est jamais sûr de la victoire… Juste un pas de plus dans la bonne direction.

« Lorsqu'on cherche une solution, il faut ouvrir son esprit et non pas se focaliser sur ce qui est impossible, il y a toujours une solution, si tu ne l'as pas trouvée, c'est que tu n'as pas ouvert ton esprit suffisamment. »

Se faire désarçonner de sa monture, pour un Mongol, c'est perdre la face, la pire chose qui peut lui arriver. Ce petit coup de sang a dû leur remettre les idées en place.

Dans cette situation, j'ai procédé par déduction : ces deux compères sont saouls, donc aucune ouverture de raisonnement possible. Est-ce que je peux utiliser le terrain à mon avantage ? Eh bien, pas dans cette situation. Par contre, j'ai réalisé que les chevaux, eux, n'étaient pas saouls : Yes, Bingo ! Et pour le reste, c'est mon instinct de survie qui s'est manifesté. Mais il faut croire à la solution : même si tu ne la vois pas, elle apparaîtra si tu l'appelles…

« La bravoure ne s'achète pas, ne se vend pas, ne s'apprend pas… On l'invite dans notre vie – c'est un choix. »

La bravoure, la bienveillance, la compassion, l'empathie ont si peu de valeur dans notre société actuelle, alors que ces choses font partie de notre humanité, elles nous différencient des animaux.

Et pourtant…

J'ai vu que pour le début 2022, l'Amazonie a dépassé toutes les statistiques de déforestation depuis 2008… Et qui est vraiment responsable ? Eh bien c'est nous. Oui, tu m'as bien entendue. Si tu as ton argent dans une banque en Europe ou en Suisse, il y a bien des chances que ta banque investisse dans les sociétés qui détruisent l'Amazonie directement ou indirectement.

Autre exemple : une petite histoire de la vie de tous les jours…

L'été passé, j'ai cherché à acheter un banc d'extérieur pour chez moi. J'ai fait tous les magasins de bricolage qui vendent ce genre d'article : pour seulement 170 francs/euros, tu as un magnifique banc en bois tropical… 95 % sont en bois précieux. J'ai même vu une nouvelle façon d'en notifier la provenance : bois acacia. Il vient d'une exploitation liée à la déforestation bien entendu, sauf que le client n'en sait absolument rien. Ou sinon, tu as le choix entre un banc en sapin de plantation FSC fabriqué en Pologne qui va durer deux ans parce que trop fragile pour l'extérieur, ou une marchandise estampillée Made in RPC, qui veut dire République populaire de Chine (en anglais PCR, pour People's Republic of China). La personne qui achète sait rarement cela et croit acheter un article qui n'est pas fait en Chine. Tu vois ou je veux en venir ? Les grands distributeurs ne jouent pas le jeu, les gouvernements ne tapent pas du poing sur la table. Ce serait si simple de mettre des garde-fous pour éviter ce genre de choses. C'est pour cela que je t'en parle, je n'ai toujours pas de banc digne de ce nom devant chez moi, je refuse d'acheter du bois tropical. Je vais finir par le faire moi-même avec du bois de chez nous.

Ce petit exemple pour montrer qu'aucun de nous n'est détaché de cette planète et de sa destinée, même à des milliers de kilomètres : TOUT EST LIÉ. C'est l'effet papillon, chaque mouvement de chaque individu a une implication sur les autres individus autour de la planète… Alors comment règle-t-on ce problème ? Eh bien, je t'avoue que je suis perdue… La vitesse à laquelle on détruit notre Terre me laisse sans voix, les animaux disparaissent, les peuples autochtones sonnent l'alarme, les jeunes descendent dans la rue pour crier leur inquiétude et on les arrête. Greta Thunberg a montré sa bravoure au monde, elle a creusé un sillon inoubliable. Je vous rappelle à vous qui la critiquez que c'est une gamine qui n'a pas cillé une seule fois devant l'ampleur de cette tâche et devant les leaders de ce monde. Oui nous sommes à un tournant de l'humanité, on le sent toutes et tous, sans pouvoir mettre des mots dessus. L'anxiété, les plaisirs démesurés, le jugement de tout ce qui se passe sous nos yeux, le stress…

Tout changement commence par une période très, très inconfortable, tu vois de quoi je parle ?

Pendant cette période que l'on vient de vivre, j'ai fait mes choix et j'ai choisi de nourrir mon intérieur et de ne pas écouter le brouhaha extérieur. J'ai choisi d'apprendre, j'ai choisi de me connecter à la nature, j'ai choisi de garder ma lumière intérieure, j'ai attisé mon feu intérieur. Dans ma vie, J'ai traversé beaucoup de nuits terrifiantes, de noirceur, de danger, de situations sans espoir, mais j'ai appris à garder ma lumière intérieure, j'ai appris à être patiente et j'ai subi suffisamment de tempêtes pour savoir qu'elles passent. Il faut être patient. Aujourd'hui, je suis une luciole qui dans les nuits les plus sombres arrive à illuminer son propre chemin… J'ai une mission de vie qui est d'être « ce petit pont entre la nature et les humains ». J'ai décidé que cette mission valait autant que ma vie, qu'elle était aussi importante que ma vie, alors pour elle, j'ai risqué plus d'une fois de la perdre, et oui cela en vaut la peine.

Ma mission vaut ma vie ! Il faut s'élever au-dessus du discours de masse, des critiques qui ne s'arrêtent jamais, des gens qui ne font rien et qui restent dans la fosse. Grimpe, va vers la lumière ! Elle est accessible. Ne calcule pas, fonce et risque ta vie, ta flamme ! C'est la seule façon de donner de la valeur à ta vie, en luttant pour la conserver. C'est l'intensité de chaque respiration qui compte alors : ris, pleure, aime à la folie, plonge dans un ruisseau glacé, mais vis !

« Prendre des risques, c'est sortir de la terreur de perdre quelque chose. »

Les gens ont tellement peur de perdre ce qu'ils ont ! Mais regarde bien : nos maisons, nos voitures ne nous appartiennent pas à nous, mais à la banque, oui… Alors tu as quoi, toi ?

Ta vie est la chose la plus précieuse que tu possèdes et tu ne t'es même pas battu pour l'avoir : on t'en a fait cadeau, souviens-toi bien de cela. Les droits que tu possèdes sont là seulement parce que tes prédécesseurs ont lutté pour eux. Mais toi le râleur, arrête de monter sur tes grands chevaux, tu n'as rien fait, tu as consommé et tu continues, et tu es devenu un râleur dans l'âme. Qu'as-tu fait pour aider les humains ? Est-ce que tu as entrepris quelque chose de plus grand que toi ? Est-ce que tu as payé ta dette d'avoir la chance d'être sur cette planète ? Il y a tellement de gens qui sont attirés par le divertissement, les trolls et les fosses. La vie est comme un jeu vidéo, tu choisis exactement là où tu veux être, dans la fosse ou debout et dehors pour sauver le monde, c'est ton choix. J'aime à penser que l'on a tous cette dualité en nous et que la finalité de notre histoire, ce sont des millions de microdécisions que nous aurons tous et toutes prises consciemment. Et c'est dans ce sens-là que j'ai confiance en l'avenir. Une prise de conscience profonde, multipliée par des milliards d'individus, va influencer le résultat final, j'en suis convaincue.

Je me souviens de cet Aborigène que j'ai rencontré au milieu de nulle part dans le bush australien. On a papoté au bord d'un point d'eau un bon moment ; il m'a raconté comment il s'obstinait à transmettre son savoir aux plus jeunes. Avant de partir, il m'a regardée droit dans les yeux et m'a dit : « Continue de faire ce que tu fais, on a besoin de gens comme toi pour que cette Terre continue de tourner. » Oui, on a besoin de tout le monde, on a besoin de toi qui tiens ce livre entre tes mains… Prends tes microdécisions avec conscience et choisis : le résultat final sera alors inévitable…

« Chaque choix compte,
Chaque personne compte…
Tel est ton pouvoir ! »

– 15 –

LA PROPHÉTIE DU LOTUS

Thaïlande du Nord, été 2012, expédition de 3 ans de Sibérie en Australie

La chaleur est écrasante, et je respire en forçant l'air à l'intérieur de mes poumons. Je suis à la porte d'un petit hameau du nord de la Thaïlande, qui ressemble à des dizaines d'autres villages que j'ai pu traverser. Des foyers de fortune longent la piste de terre, des poules errent nonchalamment au milieu de la rue, la vie se traîne au ralenti ici, avec cette chaleur. Le dernier bâtiment est un temple érigé avec toutes les dorures et couleurs habituelles. Dans la cour où flânent une dizaine de chiens maigres beige sale, des moines parés de leur robe orange sont agglutinés à l'ombre, sous un banian[33] certainement centenaire. Je cherche moi aussi un endroit ou me reposer durant ces heures brûlantes, mais ce ne sera pas ici, et je passe mon chemin.

J'aperçois de loin un vendeur ambulant sur son deux-roues qui s'arrête et pose le pied à terre. Je m'approche et au moment où j'arrive à sa hauteur, un moine semble en conversation avec lui. Celui-ci a le dos tourné, seule son épaule gauche est drapée dans un tissu orangé pigmenté intense, tandis que son dos laisse apercevoir des tatouages traditionnels magnifiques appelés « *Sak Yant* »[34]. Tous deux me regardent, le moine fait signe au vendeur de me donner un thé froid, le vendeur s'exécute. Je savoure ce liquide qu'il a jeté avec précision à l'aide d'une petite louche dans un gobelet en plastique. La boisson se maintient à basse température grâce à une grande quantité de glaçons, et il y plante d'un geste précis une paille fine avant de me la tendre respectueusement de ses deux mains comme cela se pratique en Asie. Ils me remercient tous les deux, de leurs mains jointes, en inclinant légèrement le haut du corps. Je veux payer mais c'est exclu, le vendeur refuse. Le moine fait un geste précis en balayant

33. Grand figuier, arbre sacré pour les bouddhistes.
34. Le terme *Sak Yant* est dérivé de deux mots thaïs, *Sak*, qui signifie tatouer, et *Yant*, prière sacrée. S'il est effectué selon un rituel bien précis, le *Sak Yant* est présumé apporter force, protection, chance, etc.

l'air, le vendeur comprend et s'élance sur la route poussiéreuse. Le moine me regarde sans me fixer des yeux avec beaucoup de respect et m'invite de sa main droite à marcher avec lui dans ma direction.

Les mains derrière le dos, sans un mot, dans un silence nourricier, il m'accompagne jusqu'à la sortie du hameau, là où les rizières reprennent le dessus dans le paysage. Les seuls mots qu'il prononce forment un genre de chant à consonance ancienne, un mantra de protection, sans doute.

Je continue seule ma route, sous une chaleur qui dépasse maintenant les 40 degrés. Peu de temps s'écoule avant qu'un pont salvateur se présente et m'accueille sous son ventre ombragé pour le reste des heures torrides. Je m'écroule sous cet abri de fortune qui pour moi est un bonheur malgré les odeurs typiques de dessous de pont : boue chargée d'urine, détritus en décomposition avec une macération fortement soutenue par cette canicule étouffante d'avant saison des pluies. Ce mélange ne peut que chatouiller mes narines, mais je suis heureuse, je souris, et laisse échapper un « Merci, merci ».

N'ai-je pas vécu bien pire depuis le début de cette expédition qui m'a vue marcher depuis la Sibérie ? Je me souviens d'avoir dormi à répétition sous les pistes, dans des tubes d'évacuation trop petits pour me tenir debout, et à côté d'invités que je ne pouvais déplacer, cadavres de moutons en décomposition ou encore excréments humains en grand nombre… Mais pour moi, c'était une protection, un paradis où personne ne viendrait me chercher ; je m'y sentais en sécurité. Je me remémore les longues nuits d'angoisse passées dans les steppes en me cachant pour éviter une invasion de mon camp par des Mongols saouls ou sous l'emprise de la drogue. Par sécurité, je me glissais à quatre pattes dans ces tubes, quand il y en avait, vers les 16 heures, pour échapper à mes agresseurs potentiels. Dès la nuit tombée, je n'utilisais plus mon réchaud et encore moins ma lampe frontale pour ne pas être repérée. Je n'en ressortais que le lendemain matin à l'aube.

Aujourd'hui, sous mon pont, je respire, je m'allonge sur mon sac à dos que j'ai posé par terre et croise les mains derrière la tête. Mes pensées s'envolent vers le moine que je viens de quitter. Cette terre que je foule est pour moi bien spéciale. Ici, je n'ai jamais dû répondre à une seule question stupide et encore moins à la plus fréquente qui est : « Pourquoi marches-tu ? » Les gens ont compris certainement avant moi la valeur de ma démarche. Des regards échangés, de la nourriture précieusement donnée. Ces sourires de frères et de sœurs d'âme ont nourri la mienne…

« Ici, celui qui choisit de vivre dans le dénuement est à la recherche de la présence du divin et est porté par les autres. »

Mon chemin en Thaïlande a été sans exception rempli d'amour, sans jamais l'attente d'aucun retour, et m'a appris à chérir l'humain à nouveau. Je pense à ce petit policier bienveillant qui m'a cherchée désespérément sur les bords du Mékong, alors que la nuit était tombée. Il m'a trouvée dans un champ de maïs, après avoir inlassablement zigzagué dans cette plantation trop haute pour lui, jusqu'à ce qu'il me tombe littéralement dessus ! Il m'a alors approchée avec un grand clavier d'ordinateur sous le bras et un iPad branché sur Google Translator. Il était en semi-panique et a mis énormément d'énergie pour me faire comprendre que quelques jours auparavant, quelqu'un s'était fait égorger là même où nous nous trouvions. Il en tremblait encore. J'ai fini par accepter son invitation et partir avec lui pour le rassurer. J'ai démonté mon campement pour le remonter dans la cour du commissariat du village non loin de là, au milieu des poules ; là au moins il était sûr que je survivrais à la nuit.

Ce pays ne peut laisser personne indifférent, entre les sourires des gens croisés ou rencontrés, les femmes toujours bienveillantes, levées à 3 heures du matin pour préparer les petits-déjeuners qu'elles emballent dans des feuilles de bananier et qu'elles apportent au temple avant le lever du jour, pour les moines du village, bien avant que tout le monde se réveille à la maison. En campagne, j'ai rarement pu payer mes achats ; avec dévotion, les Thaïlandais se sont occupés de moi. Il est considéré bon pour son karma de donner à manger à un moine errant et j'imagine qu'ils m'ont associée à cette démarche. Lorsqu'ils me voyaient arriver, sale et sous un soleil de 40 degrés, en train de pousser une charrette, dans leur cœur ils comprenaient… Ils ne m'ont jamais jugée, m'ont toujours aidée, quelle magnifique leçon de vie !

Ce jour-là, je slalome depuis le matin entre les grands axes routiers pour les éviter tant bien que mal. Je pousse mon corps, mais il refuse d'avancer. Je n'ai plus de « jus ». Ma tête veut avancer, mes pieds aussi, mais le moteur ne veut plus. Il me faut plus de douze heures de marche pour rejoindre l'agglomération de Chiang Mai, qui est une ville dans le nord, où se trouve mon point de ravitaillement. Je progresse, les bâtiments sont blanc sale et semblent d'une autre époque, la végétation de la jungle s'est incrustée avec sa verdure exubérante jusque dans la ville, et par petites doses, là où il reste de l'espace, le vert reprend le dessus. Une chose m'intrigue, il y a comme un voile mystérieux qui flotte dans l'air, les constructions sont d'époque, puis étrangement un bâtiment moderne composé de vitres miroirs se faufile ici et là, dans cette carte postale d'une Asie d'avant. Les fleurs poussent en bosquet là où l'espace le permet, les abondants assemblages de fils électriques offrent une autoroute aérienne aux rats de la rue. Les motos se dépassent et changent de direction sans occasionner de collisions. Je ne peux m'empêcher de regarder, dans les cours intérieures, les porches sculptés, la végétation rampante, les hamacs vides ; tout est si harmonieux. Mais ma préférence se porte sur les fontaines végétales qui allègent l'air ambiant. Les ouvertures sur l'extérieur sont si bien étudiées que le soleil y entre à juste dose.

Je me pose à l'ombre d'un bâtiment, à côté d'une épicerie de rue, et m'assieds un moment pour récupérer. Un Blanc sort du magasin, et me trouvant là accroupie sur le trottoir, il me jette un regard de mépris, hautain et plein de réprobation, certainement dû à l'état de mes vêtements. Il m'a prise pour une moins-que-rien… Eh bien voilà, me dis-je en souriant silencieusement tout en buvant un thé froid maison succulent que je viens d'acheter à un vendeur ambulant. J'en déguste chaque gorgée, songeant qu'un seul regard d'un falang (personne étrangère de couleur blanche) aura suffi pour briser la bulle d'amour dans laquelle je flottais depuis mon entrée en Thaïlande. Quelle ironie ! Jugée par ma propre tribu… Que le bonheur est fragile, pensé-je à ce moment-là, mais j'ai la joie au fond de mon cœur, je suis arrivée à Chiang Mai, je n'ai plus qu'à trouver le centre historique de la ville où m'attend mon chef d'expédition. Et ce n'est pas un petit blanc-bec en short et tee-shirt tout propres qui va entamer ma bonne humeur. Je ne lui accorderai pas ce privilège.

Malgré tout, je n'arrive pas à chasser le stress que le brouhaha de cette ville de plus de 130 000 habitants m'inflige. Je me faufile dans les rues parallèles plus calmes, pour retrouver un peu de quiétude, mon rythme est inexistant, je m'arrête souvent. Et juste là, je ne peux résister à une vieille dame au sourire contagieux, sa peau fripée par le soleil raconte son histoire. Elle insiste pour me faire un « *mango smoothie* » ; son sourire ne compte que quelques dents, j'accepte. Lentement, avec ses doigts douloureux pleins d'arthrose, elle me prépare sur le devant de sa petite charrette de fortune le meilleur smoothie que je boirai durant toute cette expédition. Je m'assieds sur le rebord du trottoir et elle me rejoint au bout d'un long moment, un gobelet à la main qu'elle me tend. Je déguste ces mangues thaïlandaises qui ne ressemblent à aucune autre de cette planète. Elle voit mon contentement et sourit, se lève et me tapote de ses poings le haut des épaules comme une maman le ferait à sa fille. Elle me répète en boucle : « Tout va bien aller ! Tout va bien aller… »

« J'ai depuis longtemps arrêté de chercher une signification rationnelle aux choses qui s'imposent à moi. Quand cela m'arrive comme ici, je reste silencieuse et reconnais la magie du moment. »

J'ai toujours cru que les massages thaïs étaient violents. On le voit partout dans les parcs et dans la rue : du poing, les femmes se tapotent les jambes, le dos, etc. Mais ce que je ne savais pas encore, c'est que cela réveille les méridiens qui traversent notre corps, un peu comme un guitariste qui tapoterait sur ses cordes. Cela stimule tout le corps et revitalise l'organisme. Je regarde ma vieille dame dans les yeux pour la remercier, mais elle s'esquive pour aller farfouiller dans un sac en toile derrière son chariot, et elle me tend un sachet de plastique avec dedans du lotus mariné et des petites herbes en tout genre, qu'elle s'est clairement préparé pour son repas.

– C'est pour toi, cadeau !

– Non, je ne peux pas accepter.

Elle me pousse légèrement et me donne à nouveau le sac plastique, que je finis par accepter de peur que la foudre me tombe dessus, vu son regard noir. Je la remercie avec beaucoup de respect en m'inclinant les mains jointes, puis je lève la tête à nouveau. Son regard me transperce, elle sourit avec malice.

– C'est bon pour ce que tu as, tu verras, tu retrouveras ce que tu as perdu.

Je m'éloigne avec ma charrette, et au bout d'un moment me retourne. Elle a continué son travail et s'occupe de son nouveau client. Trente minutes plus tard, je m'arrête et mange la marinade de lotus qu'elle m'a offerte. Et qui est délicieuse, je n'ai jamais rien mangé de tel. Mes pensées sont toujours avec elle, et machinalement je me répète les derniers mots qu'elle a prononcés et qui passent en boucle dans ma tête : « Tu retrouveras ce que tu as perdu. »

Mais… J'ai perdu quoi ?!!!

J'ai l'impression d'être complètement déboussolée avec cette agitation, tout va plus vite, et les odeurs de pollution me montent au nez. Je force, mais j'avance à peine. Serais-je au bout de mes capacités ? Je remarque que j'ai très faim. L'accessibilité à la nourriture me fait comprendre qu'il est temps de m'arrêter et de laisser mon corps manger à sa faim. Il me reste moins de cinq kilomètres à parcourir avant de pouvoir mettre ce plan à exécution. En fin d'après-midi, j'arrive enfin à l'adresse que mon chef d'expédition m'a envoyée. De la rue, ce petit hôtel est dissimulé derrière de grands arbres parasols. Je pousse le petit portail de fer et monte les trois marches qui donnent accès à une terrasse déserte. Je laisse tomber mon sac à dos, me glisse au sol, enlève mes chaussures au ralenti, je ferme les yeux, je ne bouge plus… Je suis heureuse. Ce micromoment, je le dois à mon team : mes jambes, mon dos, mon esprit, ils ont tous lutté avec acharnement pour que je puisse enlever mes chaussures à ce moment précis et être encore vivante, entière, et si protégée par la vie et par les milliers de petits anges gardiens sur mon passage… J'ai à peine fini d'articuler un « Merci, merci » silencieux, que j'entends une voix familière dans mon dos…

Combo tropical

Depuis mon départ d'expédition, j'ai eu une infection dentaire, subi des raids répétitifs et nocturnes durant deux mois en Mongolie, me causant un épuisement physique à tel point que mon corps partait en sommeil profond dès que je faisais une pause durant la journée. Je me suis fait arrêter par les forces spéciales en Chine et expulser. J'ai été attaquée dans la jungle laotienne par des trafiquants de drogue. J'ai contracté la dengue au Laos...

J'ai eu énormément de mal à avancer pour rejoindre Chiang Mai. C'est un peu difficile à expliquer : c'était comme si ma force avait quitté mon corps. Et après sept jours de ravitaillement dans cette ville, je ne vais toujours pas mieux. Donc, puisque ma machine infaillible ne récupère pas vraiment, je décide de consulter un médecin dans une clinique que l'on m'a recommandée. Ai-je abusé ? L'analyse de sang le dévoilera.

Le taxi me dépose devant la clinique qui est située à l'extérieur de la ville. La doctoresse me reçoit, je lui explique ce qui se passe, elle écoute et simultanément enfile des gants en latex, et fait sa prise de sang.

– Ne vous inquiétez pas, vous avez certainement la « tropicalite », comme on dit ici !

– *(Je souris.)* C'est quoi ça ?

– Eh bien, avec la chaleur, des petites bêtes se développent un peu partout dans votre corps et consomment votre énergie. Il va falloir faire comme aux chiens !

– Quoi ?

Elle part dans un fou rire généreux avant de me répondre.

– Il faut vermifuger tout ça, dit-elle en pointant du doigt mon corps usé.

Elle a certainement raison, je n'ai jamais cessé de manger comme les locaux, et si mon système immunitaire s'est renforcé, peut être que j'ai quand même accumulé des compagnons de voyage indésirables.

Des cliquetis d'objets métalliques que l'on déplace me ramènent au moment présent. Mes yeux aiguisés balayent la pièce et restent crochés sur des outils chirurgicaux d'un autre temps qui traînent sur un petit plateau en aluminium. Mes pensées vont à l'hygiène. Rien ne semble désinfecté, et plus je regarde, plus je pense que j'ai raison.

Du coup, ma voix intérieure se réveille :

– Là tu vois, ma belle, tu dors avec des animaux en décomposition, dans la jungle tu t'allonges sur un sol qui ressemble plus à un tapis mouvant d'insectes les plus étranges et maintenant tu t'inquiètes de l'hygiène dans une clinique ? Intéressant, Sarah Marquis, comme réflexion. Très intéressant !

Quoi qu'il en soit, en deux temps trois mouvements je suis sous perfusion pour un « cocktail réhydratation », m'annonce la médecin. Au fond de moi, je me dis qu'elle a plus le langage d'un barman que celui d'un docteur. Elle revient rapidement avec des flacons gros comme mes tubes de vitamines effervescentes.

– C'est quoi ça ?

Dans sa main, elle tient quatre tubes en verre de couleurs différentes et une seringue métallique dotée d'une aiguille gigantesque. Les tubes eux aussi sont du siècle dernier.

– Je vais vous administrer le tout, cela va vous booster.

– Pas avant que vous m'éclairiez sur ce que vous allez m'injecter !

– Celui-ci, c'est du magnésium, celui-là, un vermifuge, celui-là, de la vitamine C, etc. C'est ce dont vous avez besoin. « Combo tropical », je l'appelle.

– Combo tropical ?

Non mais elle est où la doctoresse ? Celle-ci est définitivement la serveuse du bar Tropicana, et sa longue queue-de-cheval noir brillant ne joue pas en sa faveur…

À peine ai-je formulé (intérieurement) mes doutes qu'à l'aide de sa seringue, elle commence à transvaser les divers contenants et me les injecte, tube après tube, manipulations qu'elle effectue avec délicatesse et précision. Un petit coton froid de désinfectant m'indique la fin de l'opération « combo tropical ». La jeune doctoresse me dirige alors vers une petite chambre et me met sous perfusion. Trois heures plus tard, une assistante vient me débrancher et me pousse vers la sortie avec le sourire : elle m'ouvre la porte, et je retrouve la rue bruyante, étouffante, déjà souillée de particules des véhicules qui sont loin d'être sans émission carbone ici… Le trafic du matin a suffi à la formation de cette brume toxique qui navigue sans destination au-dessus du sol. Je saute dans un taxi et retrouve le jardin intérieur de mon petit hôtel, qui s'apparente à un paradis sur terre. Ramollie comme un spaghetti trop cuit, vide de toute énergie, je me glisse dans le hamac qui me tend les bras, et doucement je me laisse séquestrer par la reine du sommeil, qui m'éloigne avec bienveillance de ce monde aux futilités si terrestres, laissant ma chair récupérer paisiblement.

Des semaines plus tard, je m'approche gentiment de mon point d'arrivée au nord de Bangkok, qui va clore mon trajet asiatique, avant de sauter dans un cargo pour faire la traversée jusqu'en Australie et reprendre mon expédition. Pour l'heure, je traverse des plaines qui ont été recouvertes d'eau durant des mois lors des inondations historiques de 2011, et on sent encore la dévastation. Je suis malgré moi ces petites routes de campagne qui sont ma seule option. Tout est encore sous l'eau, à part les routes, qui ont été surélevées et forment à la fois des digues de séparation et des réseaux de pistes plus ou moins étroites, où s'élancent les fameux scooters thaïlandais, dans ce pays où peu de monde possède une voiture.

La terre est plate et nue, sans exception. Les arbres, les habitations habituelles sont inexistantes, la végétation est moindre. Il n'y a que de l'eau contingentée dans des rectangles géants qui feront de magnifiques rizières avec le temps. Pour le moment, il ne reste qu'à attendre que l'eau se résorbe et s'évapore, mais Dame Nature joue encore les imprévus. Un orage se prépare, le ciel gronde. Je ne m'arrête pas pour autant. Je dois avancer, mon corps va à merveille depuis le petit service de la fameuse doctoresse à Chiang Mai, car oui, elle avait raison, j'avais la « tropicalite ». Après ses injections et un repos imposé, je suis repartie comme neuve avec le sourire et une envie de manger du kilomètre.

L'agitation avant l'orage se sent, le ciel est menaçant, lourd, fâché et si bas, prêt à laisser sa colère exploser. Je presse le pas à travers l'un des villages reconstruits et débouche de l'autre côté après un virage à 45 degrés étrange, qui donne sur une plaine ouverte. Et je m'arrête net, bouche bée. À des kilomètres à la ronde, tout est recouvert de lotus en fleur. Un spectacle ! Leurs capsules sont écloses, offrant au ciel leurs fragiles pétales roses translucides qui laissent apparaître leur cœur jaune. Le lotus est connecté grâce à son rhizome, ancré dans la boue.

« Les différentes cultures orientales considèrent toutes le lotus comme une fleur sacrée. Avec ses racines dans la boue, il s'élève des ténèbres vers la pureté, la spiritualité, symbolisant l'élévation, le chemin vers une promesse de lumière. »

Je ne peux continuer, les éclairs commencent à redessiner le ciel, les passants me demandent de me mettre à couvert. Mais je reste sans voix et immobile, la luminosité a viré à l'obscur et le rose pimpant des lotus en est accentué. Leurs fleurs trônent comme des déesses prêtes à être sacrifiées. À leur pied, les grandes feuilles vert foncé offrent des tapis d'atterrissage aux batraciens qui ont envahi ces zones humides. Ils s'y réfugient pour éviter de se faire happer par les serpents qui pullulent et patrouillent sans répit sous la surface de l'eau boueuse. Cette scène vient de déclencher en moi une révélation : c'est vrai, une petite graine qui a été plantée il y a très longtemps vient d'éclore en moi… Tout est si limpide, j'arrive désormais à faire les connexions… Oh mon Dieu ! Incroyable ! Mais laissez-moi vous raconter cette autre histoire de lotus. Il faut pour cela remonter le temps, car ça se passe durant mon expédition australienne de 2002[35].

35. Ma première grande expédition : 14 000 kilomètres parcourus en dix-sept mois de 2002-2003 à travers l'Outback australien.

Ce jour-là, je progresse dans l'Outback australien à pied et avec mon sac de 30 kilos sur le dos. Je suis là où les fermes se trouvent à plus de 500 kilomètres de distance les unes des autres, où le décor est pauvre, la chaleur insoutenable et où les denrées les plus rares sont l'ombre et l'eau : elles sont à elles deux quasiment inexistantes... Je viens de rencontrer une femme, propriétaire de la *station*[36] sur laquelle j'évolue. Je suis au milieu de nulle part et malgré l'absence de barrière servant de limitation de propriété, je suis malgré tout chez elle. On papote comme deux vieilles copines, assises par terre à l'ombre de son véhicule, comme cela se fait ici, avec les mouches qui ne cessent de vouloir entrer en zone humide : nez, bouche, yeux. Elle me détaille sa vie avec ses deux enfants et son mari dans sa ferme, et cela me rappelle un peu un mode de vie à l'ancienne, avec le bain pour toute la famille une fois par semaine, la cuisine au feu de bois, l'absence d'électricité. Il y a aussi des chansons au coin du feu le soir, mais le moment que les enfants chérissent le plus est l'histoire de la journée. Les parents se relayent autour du feu et inventent une histoire avec ce qui est arrivé durant les dernières vingt-quatre heures, et cela chaque soir avant d'aller au lit.

– Les valeurs sont différentes ainsi, précise-t-elle.

Ils ont le désir profond d'élever leurs enfants dans l'intimité de la terre et avec une conscience profonde du vivant. Je ne me souviens plus du tout de son

36. Ferme, ranch.

prénom, malheureusement comme souvent, mais j'oublie rarement une silhouette ou un visage. Elle porte ce jour-là un pantalon qui a vécu des heures dans les paddocks, des bottines de travail usées sur le devant comme j'en ai déjà vu et toujours bien « made in Australie », et sur son visage, la poussière semble s'être incrustée, de même que dans ses boucles blondes, malgré le chapeau de cow-boy vissé sur sa tête. Seuls ses yeux bleus perçants et son sourire généreux n'ont pas été touchés par cette poussière rouge que je connais si bien. On rigole, les minutes passent, on boit dans sa réserve d'eau, et l'heure de rentrer arrive pour elle, faute de quoi son mari va s'inquiéter. Elle est partie à l'aube pour vérifier, à 200 kilomètres de là, une pompe solaire qui alimente plus de 300 têtes de bétail. Ces bêtes ne peuvent pas rester plus de vingt-quatre heures sans eau, une panne peut signifier la mort de tout le cheptel. L'Outback ne pardonne aucune erreur et ce fait est palpable dans l'air. C'est pour cela qu'elle me propose de me déposer de l'eau à une trentaine de kilomètres de l'intersection avec la piste principale.

– Comme cela au moins, tu es sûre d'avoir de la bonne eau quand tu arriveras là-bas. Avec toute cette eau mi-salée, tu dois en avoir marre de boire du thé salé et de te brosser les dents avec.

On part dans un fou rire, elle a tellement raison ! Le sel est partout, mon café ressemble plus à une infusion d'algues qu'à autre chose, de quoi faire cauchemarder un Italien ou un Colombien. Elle remonte dans sa vieille camionnette rouillée dont on devine à peine la couleur crème d'origine. Sur le pont arrière ouvert, il y a des réservoirs d'essence, deux pneus de rechange, un sac de couchage, et dans la cabine passager, une arme de précision est accrochée à la cloison. La survie est dans chaque instant qui s'écoule ici, et c'est avec un regard plein d'admiration qu'elle me quitte, après m'avoir prise dans ses bras et non sans avoir rempli mes réservoirs d'une magnifique eau douce de pluie. Ce cadeau vaut de l'or en ces lieux. Elle démarre et s'éloigne. Les mots n'ont pas de valeur ici, les regards, les gestes racontent bien plus. Ces no man's land ne sont pas des terres de bavards. Malgré tout, les braves, les truands et les amoureux des déserts s'y côtoient. La poussière avale bientôt mon interlocutrice et la transforme en tornade anonyme que je suis du regard jusqu'à ce que l'horizon la dévore.

Des jours s'écoulent avant que j'atteigne la cachette d'eau, où je trouve plus de quinze litres d'eau douce et un mot. J'ouvre l'enveloppe, qui a déjà servi, et découvre une carte avec deux petits volets à l'intérieur. Je les écarte délicatement et vois apparaître une magnifique fleur de lotus rose qu'elle a dessinée elle-même. C'est d'une beauté !

Il est inscrit en dessous : *"Happy walking! And don't forget, everything is in the LOTUS!"*

Un éclair vient de tomber pas très loin, je sors de mes pensées, tandis qu'une vieille dame ridée qui ressemble étrangement à celle qui m'a donné sa salade de lotus à Chiang Mai passe en courant devant moi et m'invite à la suivre immédiatement. On trouve refuge sous un toit de fortune au bord de la route, une ancienne cabane des travailleurs qui ont reconstruit cette route probablement. Je prends le temps de regarder la femme un peu mieux, non, ce n'est pas celle à la salade de lotus, j'en suis sûre maintenant… En attendant, on contemple la pluie. Sous les tropiques, elle tombe avec détermination et force, lourde de gouttes trop grosses qui font mal à la terre, et cela n'a rien à voir avec la simple explication de l'attraction terrestre. Non, c'est de l'eau en mission.

Juste à ce moment-là, avec l'odeur fraîche de la pluie qui se promène sous mon nez, je me souviens des mots de la vieille dame à la salade de lotus : « Tout va bien se passer, tout va bien se passer et tu retrouveras ce que tu as perdu ! »

Un nœud m'étreint le plexus solaire : je comprends *enfin*. Je tente de retenir des larmes qui sont plus fortes que moi, puis les laisse s'écouler sur mon visage. Maintenant, agglutinées sous cette cabane de fortune, il y a plus de dix personnes. Nous sommes au coude à coude, l'eau nous remonte jusqu'aux mollets, en rebondissant depuis le sol, nos habits dégoulinent. Dans toute cette eau, personne ne remarque mes larmes. Je reprends mon souffle et ferme les yeux, et remercie toutes ces personnes qui ont croisé mon chemin et qui ont toutes, à leur façon positive ou négative, planté une graine en moi, et je remercie celui qui lie le TOUT ensemble.

Et avec toute cette eau, forcément, des graines commencent à éclore. Un peu comme si les déserts avaient besoin d'eau et l'eau avait besoin de déserts. Aujourd'hui, je comprends que tout est lié et que les choses prennent du temps. Mais surtout que chaque pas a son importance.

La pluie s'est calmée, je m'empresse de m'extirper de cette masse d'humains et je retrouve la liberté. J'ai besoin de respirer, de sentir l'espace, mes jambes l'ont compris et reprennent leur rythme effréné. Soudain un énorme serpent passe devant moi et traverse la route, poursuivi par un gigantesque lézard d'eau. Les deux-roues qui arrivent dans les deux sens plantent leurs freins : la scène est mythique. Les motocyclistes laissent le « sauvage » suivre sa route et reprennent la leur, comme si rien ne s'était passé.

Croire que notre vie n'est pas subtilement liée à tout ce qui nous entoure est une utopie que je ne suis plus d'accord d'accepter. Tous les mondes sont interconnectés, le végétal, le minéral, l'animal et nous les humains, et Dieu sait quoi encore ! Tout est lié ! Aujourd'hui, j'en suis persuadée. Rien ne sera plus jamais comme avant ! J'ai retrouvé ce que j'avais perdu.

La foi en l'univers.

Remerciements

J'aimerais te remercier, toi qui tiens cet ouvrage entre tes mains, ainsi que tous mes fidèles lecteurs et lectrices qui m'avez accordé votre confiance depuis le début et continuez à le faire. Sans vous un livre n'a aucun sens.

Merci à Loyse Pahud qui a corrigé mon premier manuscrit avec respect et rigueur, et à Huguette Maure, ma directrice littéraire émérite, qui m'a apporté sa bienveillante vigilance et son amitié ; cela fait plus de dix ans que nous travaillons ensemble… Avec les années, j'ai réalisé qu'elle était devenue la gardienne de mes mots.

Pour qu'un livre prenne vie, il faut une équipe. Un tout grand merci à Elsa Lafon qui, au fil des livres publiés, a su créer un climat de confiance et a eu la délicatesse de me laisser libre dans l'approche et la conception de cet ouvrage. Cette confiance est le fondement de ce huitième livre aux Éditions Michel Lafon. J'aimerais aussi remercier le directeur artistique qui a réalisé la couverture de ce livre : Mathieu Thauvin.

Je tiens encore à exprimer ma reconnaissance à la très talentueuse illustratrice ukrainienne Yevgeniya Haack qui, depuis qu'elle est toute jeune, a choisi ce style « carte postale » afin de témoigner en détail de ce qui se passait dans sa vie, pour ses proches et ses amis. Des histoires dans l'Histoire en quelque sorte… Elle a suivi une école d'art et se consacre à sa passion. Comment l'ai-je connue ? J'étais en Asie dans un minuscule café, un matin tôt, à me creuser les méninges pour l'écriture de ce livre, lorsque j'ai rencontré une femme souriante et dynamique, designer d'intérieur, qui fuyait la guerre en Ukraine. Au bout de cinq minutes de conversation, je lui ai expliqué que je cherchais une illustratrice… Et là, elle s'est mise à sauter de joie : « Ne cherche plus, j'ai une amie qui va pouvoir réaliser tes illustrations, je suis certaine que cela correspondra à ta philosophie. » Elle parlait donc d'Yevgeniya. Et elle avait raison ! C'est ainsi que moi depuis l'Asie et elle depuis l'Allemagne où elle vit temporairement, nous avons fait connaissance. Professeure d'art la journée, elle a planché durant ses vacances sur mes chapitres, et si vous y prêtez attention, vous allez découvrir tous les détails de chaque chapitre dans chacun de ses dessins. C'est magnifique. Voici son compte Instagram : bagnetka_crumbs

C'est un grand honneur que de faire partie de la prestigieuse famille des explorateurs du *National Geographic*. Ma vie d'exploratrice a été possible parce que, au fil des années, j'ai croisé beaucoup de monde et de partenaires que je remercie.

Et pour finir… Sans lui, le monde de l'édition ne serait pas le même : je pense à monsieur Michel Lafon, qui depuis le début a reconnu en moi une rebelle qui a besoin de liberté dans ses mouvements et d'air dans ses mots. Eh oui, je vous ai encore fait un ouvrage qui va être difficile à classer dans une catégorie, mais comme vous le savez maintenant, je n'aime pas ça, les catégories. Mais quel bonheur de vivre ces aventures littéraires sous votre aile !

Et je n'oublie pas tous les libraires, points de vente, diffuseurs et distributeurs avec qui j'ai de longs échanges téléphoniques avant chaque sortie de livre.

Je vous dis à bientôt pour de nouvelles aventures,

Votre exploratrice

Table des matières

Retrouvez les précédents ouvrages de

SARAH MARQUIS

L'aventurière des sables

Déserts d'altitude

Sauvage par nature

Instincts

La nature dans ma vie

J'ai réveillé le tigre

Michel Lafon

Conformément au souhait de Sarah Marquis
et des Éditions Michel Lafon, le papier
de cet ouvrage est composé de fibres naturelles,
renouvelables, recyclables et fabriquées à partir
du bois provenant de forêts plantées et cultivées
expressément pour la fabrication de pâte à papier.

Ce livre est imprimé en Espagne,
par un imprimeur soucieux de préserver
l'environnement à travers des actions d'économie
d'énergie, de valorisation des déchets,
d'utilisation de produits moins nocifs
pour la santé des travailleurs.

Suivez les nombreuses expéditions
de Sarah Marquis
sur www.sarahmarquis.com
e-mail : sarah.marquis@sarahmarquis.ch
Instagram : @explorer_sarahmarquis

Mise en pages
PRESS·PROD

PEFC
Certifié PEFC
Ce produit est issu de forêts gérées durablement et de sources contrôlées
PEFC/14-38-00200
www.pefc-france.org

Imprimé en Espagne
N° d'impression : 01
ISBN : 978-2-7499-5082-2
LAF 3268